本书由
中央高校建设世界一流大学（学科）
和特色发展引导专项资金
资助

中南财经政法大学“双一流”建设文库

生｜态｜文｜明｜系｜列｜

水环境审计研究

李 璐 著

中国财经出版传媒集团

经济科学出版社
Economic Science Press

图书在版编目（CIP）数据

水环境审计研究/李璐著. —北京：经济科学出版社，2020.1

（中南财经政法大学“双一流”建设文库）

ISBN 978 -7 -5218 -1329 -6

Ⅰ.①水… Ⅱ.①李… Ⅲ.①水环境 - 审计 - 研究 - 中国 Ⅳ.①F239.6

中国版本图书馆 CIP 数据核字（2020）第 025996 号

责任编辑：孙丽丽　胡蔚婷
责任校对：杨　海
版式设计：陈宇琰
责任印制：李　鹏　范　艳

水环境审计研究

李　璐　著

经济科学出版社出版、发行　新华书店经销

社址：北京市海淀区阜成路甲 28 号　邮编：100142

总编部电话：010 -88191217　发行部电话：010 -88191522

网址：www.esp.com.cn

电子邮箱：esp@esp.com.cn

天猫网店：经济科学出版社旗舰店

网址：http://jjkxcbs.tmall.com

北京季蜂印刷有限公司印装

787×1092　16 开　12.25 印张　205000 字

2020 年 1 月第 1 版　2020 年 1 月第 1 次印刷

ISBN 978 -7 -5218 -1329 -6　定价：49.00 元

（图书出现印装问题，本社负责调换。电话：010 -88191510）

总　序

“中南财经政法大学‘双一流’建设文库”是中南财经政法大学组织出版的系列学术丛书，是学校“双一流”建设的特色项目和重要学术成果的展现。

中南财经政法大学源起于1948年以邓小平为第一书记的中共中央中原局在挺进中原、解放全中国的革命烽烟中创建的中原大学。1953年，以中原大学财经学院、政法学院为基础，荟萃中南地区多所高等院校的财经、政法系科与学术精英，成立中南财经学院和中南政法学院。之后学校历经湖北大学、湖北财经专科学校、湖北财经学院、复建中南政法学院、中南财经大学的发展时期。2000年5月26日，同根同源的中南财经大学与中南政法学院合并组建“中南财经政法大学”，成为一所财经、政法“强强联合”的人文社科类高校。2005年，学校入选国家“211工程”重点建设高校；2011年，学校入选国家“985工程优势学科创新平台”项目重点建设高校；2017年，学校入选世界一流大学和一流学科（简称“双一流”）建设高校。70年来，中南财经政法大学与新中国同呼吸、共命运，奋勇投身于中华民族从自强独立走向民主富强的复兴征程，参与缔造了新中国高等财经、政法教育从创立到繁荣的学科历史。

“板凳要坐十年冷，文章不写一句空”，作为一所传承红色基因的人文社科大学，中南财经政法大学将范文澜和潘梓年等前贤们坚守的马克思主义革命学风和严谨务实的学术品格内化为学术文化基因。学校继承优良学术传统，深入推进师德师风建设，改革完善人才引育机制，营造风清气正的学术氛围，为人才辈出提供良好的学术环境。入选“双一流”建设高校，是党和国家对学校70年办学历史、办学成就和办学特色的充分认可。“中南大”人不忘初心，牢记使命，以立德树人为根本，以“中国特色、世界一流”为核心，坚持内涵发展，“双一流”建设取得显著进步：学科体系不断健全，人才体系初步成型，师资队伍不断壮大，研究水平和创新能力不断提高，现代大学治理体系不断完善，国际交流合作优化升级，综合实力和核心竞争力显著提升，为在2048年建校百年时，实现主干学科跻身世界一流学科行列的发展愿景打下了坚实根基。

“当代中国正经历着我国历史上最为广泛而深刻的社会变革，也正在进行着人类历史上最为宏大而独特的实践创新”，“这是一个需要理论而且一定能够产生理论的时代，这是一个需要思想而且一定能够产生思想的时代”①。坚持和发展中国特色社会主义，统筹推进“五位一体”总体布局和协调推进“四个全面”战略布局，实现“两个一百年”奋斗目标、实现中华民族伟大复兴的中国梦，需要构建中国特色哲学社会科学体系。市场经济就是法治经济，法学和经济学是哲学社会科学的重要支撑学科，是新时代构建中国特色哲学社会科学体系的着力点、着重点。法学与经济学交叉融合成为哲学社会科学创新发展的重要动力，也为塑造中国学术自主性提供了重大机遇。学校坚持财经政法融通的办学定位和学科学术发展战略，“双一流”建设以来，以“法与经济学科群”为引领，以构建中国特色法学和经济学学科、学术、话语体系为己任，立足新时代中国特色社会主义伟大实践，发掘中国传统经济思想、法律文化智慧，提炼中国经济发展与法治实践经验，推动马克思主义法学和经济学中国化、现代化、国际化，产出了一批高质量的研究成果，“中南财经政法大学‘双一流’建设文库”即为其中部分学术成果的展现。

文库首批遴选、出版二百余册专著，以区域发展、长江经济带、“一带一路”、创新治理、中国经济发展、贸易冲突、全球治理、数字经济、文化传承、生态文明等十个主题系列呈现，通过问题导向、概念共享，探寻中华文明生生不息的内在复杂性与合理性，阐释新时代中国经济、法治成就与自信，展望人类命运共同体构建过程中所呈现的新生态体系，为解决全球经济、法治问题提供创新性思路和方案，进一步促进财经政法融合发展、范式更新。本文库的著者有德高望重的学科开拓者、奠基人，有风华正茂的学术带头人和领军人物，亦有崭露头角的青年一代，老中青学者秉持家国情怀，述学立论、建言献策，彰显“中南大”经世济民的学术底蕴和薪火相传的人才体系。放眼未来、走向世界，我们以习近平新时代中国特色社会主义思想为指导，砥砺前行，凝心聚

① 习近平：《在哲学社会科学工作座谈会上的讲话》，2016年5月17日。

力推进“双一流”加快建设、特色建设、高质量建设，开创“中南学派”，以中国理论、中国实践引领法学和经济学研究的国际前沿，为世界经济发展、法治建设做出卓越贡献。为此，我们将积极回应社会发展出现的新问题、新趋势，不断推出新的主题系列，以增强文库的开放性和丰富性。

“中南财经政法大学‘双一流’建设文库”的出版工作是一个系统工程，它的推进得到相关学院和出版单位的鼎力支持，学者们精益求精、数易其稿，付出极大辛劳。在此，我们向所有作者以及参与编纂工作的同志们致以诚挚的谢意！

因时间所囿，不妥之处还恳请广大读者和同行包涵、指正！

中南财经政法大学校长 杨灿明

前　言

没有水就没有未来。水是生命之源，水环境是影响人类社会可持续发展的重要因素之一，也是我国新时期经济建设的基础性、全局性和战略性的重大问题。目前我国水资源严重短缺，浪费和污染现象极为严重，且经常遭受洪涝干旱等自然灾害，水环境问题已经严重威胁到国家生态安全、可持续发展以及公民环境权利的保护。随着水环境保护方面财政投入的巨额递增，以及社会公众水环境保护意识的逐步增强，水环境审计将成为未来审计工作的重点。

本书拟构建全面、系统的水环境审计理论体系，以解决我国长期以来水环境审计理论不系统、难以有效指导实践的重大问题。在构建的理论体系的指导下，借鉴国外水环境审计的先进经验，针对我国的实践现状，提出针对性的政策建议，为我国未来制定水环境审计法律法规、形成审计监督问责机制、设立绩效评价指标、出台准则指南、完善信息披露制度等提供强有力的智力支持。全书安排及主要结构如下。

第一章是导论。

第二章是水环境审计的问题提出。中国正面临着严峻的水环境危机。该章在分析这一紧迫形势的基础上，指出缓解水环境危机的根本路径是改善水环境管理。作为水环境管理的重要手段之一，水环境审计的地位和作用必将日益重要。最后，探讨了水环境审计的重大社会和经济意义，包括有助于维护国家生态安全，保护公民环境权利以及监督财政资金的使用等方面。

第三章是水环境审计的理论问题。该章从内容上看包括水环境审计的理论基础和基本理论两大部分。前者基于马克思主义理论以及系统科学理论，深刻认识审计的本质。然后，在可持续发展的背景下，分析外部社会政治、经济、观念结构对审计系统的影响，进而提出水环境审计的本质和系统属性。这是正确认识水环境审计、形成水环境审计基本理论的基础。后者包括水环境审计的概念、特征、主体、客体、范围、方法、标准等，是创新中国特色水环境审计制度、科学指导水环境审计实践的理论依据。

第四章是水环境审计的国际借鉴。该章首先整理最高审计机关国际组织（INTOSAI）截至目前发布的环境审计方面的调查结果，包括1994年、1997年、2000年、2003年、2006年、2009年、2012年、2015年、2018年共九份调查报告，以及2004年和2013年INTOSAI发布的水环境审计的汇总报告，了解世界上其他国家最高审计机关水环境审计的总体情况和纵向规律。重点分析美国、英国、印度等国家水环境审计的实践发展，探明先进的实务经验。

了解世界上其他国家最高审计机关水环境审计的总体情况和纵向规律。深入分析美国、英国、印度等国家水环境审计的实践发展，总结先进的实务经验。

第五章是水环境审计的实践现状。该章首先概括我国水环境审计的发展历程。然后，从数量趋势和具体内容两方面，对我国审计署已发布的水环境审计结果公告进行定性和定量分析，指出目前我国水环境审计实践的特点以及存在的问题。最后，从经济发展、法制建设、社会需求和技术条件四个方面，进行水环境审计实践基础的中外对比，分析我国水环境审计发展的优势和劣势。

第六章是水环境审计的评价指标。水环境审计的对象种类繁多，包括制度管理、资金使用、项目建设、信息披露等，不可能采用一套统一的绩效评价指标体系。鉴于环保投资项目，例如城市管网设施的建设、污水处理厂等，是水环境保护工作中最常见的实施方式，该章以水环境保护投资项目为例，构建水环境保护投资项目的绩效评价指标体系，以期为审计人员的具体操作提供框架依据。

第七章是水环境审计的政策建议。该章在综合前面各章研究结论的基础上，着重从社会环境、管理模式、技术协调三个方面提出推动我国水环境审计未来发展的战略思路和政策建议。

李　璐

2019年8月

目　录

第一章 导 论

第一节　选题背景和意义

一、研究背景

水是生命之源，是满足人类基本需求的必需物品，是经济增长和社会发展的战略资源，也是实现可持续发展的重要物质保障。水安全已成为国家发展中具有全局性、基础性和战略性的关键问题。1992 年最高审计机关国际组织（International Organization of Supreme Audit Institutions，INTOSAI）成立了环境审计委员会。1996 年，“水”被 INTOSAI 环境审计委员会确定为第一个工作主题。直至今天，“水”主题仍然是该委员会积极倡导和推动的工作重点，这是因为水对全人类的健康和财富具有重要意义。

本书研究主要基于以下三大背景：一是发展理念背景；二是现实问题背景；三是研究任务背景。现列示这三大研究背景之间的逻辑关系，如图 1－1 所示。

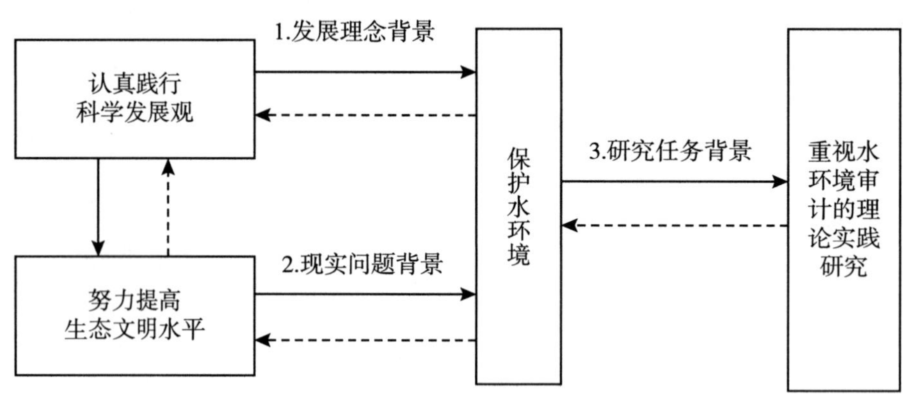

图 1－1　研究背景的分析框架

注：——► 表示作用路径，---► 表示反作用路径。

1. 发展理念背景：认真践行科学发展观与水环境保护的重要性

水环境是全人类生存、发展的根本性前提和基础。水环境保护问题不仅关系到生态文明建设，更关系到一个国家政治、经济、社会安全以及公民环境权利的保护。因此，世界各国均认同水环境保护的极端重要性并作出了积极的努力。新中国成立后，党和国家的历代领导集体一向重视水环境保护工作，特别是改革开放40年来，党中央、国务院高度重视水环境保护，制定了一系列环保方针政策、法律法规，有力地推动了水环境保护事业的健康、快速发展。

进入21世纪后，党中央把水环境保护摆上了更加突出的战略位置，为环保事业发展指明了方向。党的十六大把实现经济发展和人口、资源、环境相协调，改善生态环境作为全面建设小康社会的四项重要目标之一。2003年10月召开的中共十六届三中全会提出了以人为本，全面、协调、可持续的科学发展观，是党对社会主义现代化建设规律认识的进一步深化，是党的执政理念的一次重要升华。2005年12月，《国务院关于落实科学发展观加强环境保护的决定》文件出台，针对如何切实解决水环境等问题、建立和完善环保长效机制以及加强对水环境等保护工作的领导，提出了具体指导意见。2007年10月，党的十七大召开，中央把生态文明首次写入政治报告，将建设资源节约型、环境友好型社会写入党章，把建设生态文明作为一项战略任务和全面建设小康社会目标首次明确下来。2012年11月，党的十八大会议首次把生态文明建设写入党代会报告，确立了经济建设、政治建设、文化建设、社会建设、生态文明建设“五位一体”的总体布局。2017年10月，党的十九大会议将生态文明纳入“千年大计”，奠定了我国新时代生态文明建设的新格局。

践行科学发展观与实施水环境保护的重要性决定了我国开展水环境审计的重要性。

2. 现实问题背景：努力提高生态文明水平与水环境保护形势的严峻性

在党中央和国务院的高度重视下，我国的水环境保护事业从无到有，从小到大，发展迅速。当前，我国水环境法制建设进一步完善，水环境污染治理力度逐步加大，生态环境保护建设得到加强，污染治理投入稳步增加，全国水环境质量严重恶化的趋势基本得到了控制。但是，需要清醒地认识到，当前的水环境形势虽然局部有所改善，但总体尚未改观，形势依然严峻。

我国水环境形势依然严峻，主要表现在：一是污染减排仍然不容乐观。由于企业利润下滑，部分企业治污设施正常运行的压力加大，偷排漏排的风险增加，一些地方“两高一资”企业有可能卷土重来，一些已经淘汰的落后产能、设备和企业也可能死灰复燃，从而削弱减排成果。二是水环境污染仍然严重。污染转移的压力还在增加，环境违法现象仍较为普遍，全国水环境质量状况还不能满足人民群众提高生活质量的新期待。三是环保系统还存在许多不适应工作需要的问题。基础不牢、执法不严、能力不强、监管薄弱的问题普遍存在，有的问题在一些方面表现得还很严重，特别是思想观念、方式方法、工作能力很不适应形势发展的需要，严重制约了环保事业发展。四是环保部门廉政压力加大。近年来，随着地位提升，一些握有实权的重要部门、重点岗位和关键环节的领导干部，经不住诱惑，违纪违法案件呈明显上升态势，党风廉政工作和反腐倡廉任务十分艰巨。如何及时发现各种苗头性、倾向性的问题，敢于面对压力，创新工作方法，努力加以解决是值得全社会思考的问题。由此可见，我国水环境审计监督任务十分艰巨。

上述我国建设生态文明的高难度与环境保护形势的严峻性共同决定了目前水环境审计形势的紧迫性。

3. 研究任务背景：加强我国水环境保护与水环境审计理论及实践研究的滞后性

在科学发展观的正确指引下，近年来我国水环境审计的步伐明显加快，促进了环境保护基本国策的落实，维护了国家生态安全和公民环境权利，在我国社会主义生态文明建设中发挥了积极作用。

中华人民共和国审计署2008年出台审计工作五年发展规划，明确将包括水环境在内的资源环境审计列为六大审计类型之一；2009年发布了《审计署关于加强资源环境审计工作的意见》，指导全国各级审计机关积极开展水环境等审计实践；2010年首次担任最高审计机关国际组织大会主议题主席，牵头主持最高审计机关国际组织第20届大会的第二个主议题“环境审计与可持续发展的研究”。中国注册会计师协会正在积极准备包括水资源利用在内的环境审计准则的制定以及人员培训等工作，以期为我国注册会计师承办水环境审计业务创造条件。2010年由财政部、证监会、审计署、银监会、保监会联合发布的《企业内部控制应用指引第4号——社会责任》，将有助于进一步推动企业内部审计部门开展包括水资源利用在内的环境审计。

然而需要承认的是，我国水环境审计仍处于起步阶段，水环境审计的理论研究也不够深入，国内外的相关文献均较少。我国20世纪90年代中期才开始研究环境审计问题。例如陈思维（1998）、陈正兴（2001）探讨了环境审计的定义，张以宽（1997）、朱萍（2009）研究了环境审计的假设等基本理论问题，韩竞一等（2005）通过问卷调查分析了中国环境审计的状况。总的来说，理论研究尚不够深入、系统，缺乏实践指导性，水环境审计方面的直接研究成果更是少见。仅宣杰和孙凤英（2008）、黄绪全（2011）探讨了水环境审计的定义，段效民和孙卫平（2001）介绍了水资源费的审计经验，耿建新、肖振东和张宏亮（2006）探讨了城市水资金的审计方式，聂长流（2007）介绍了美国水资源预防处理控制项目的绩效审计报告等。

上述研究说明了切实加强水环境保护的紧迫性与我国水环境审计理论和实践研究的滞后性，同时也反映出开展水环境审计研究的重要作用。

二、研究意义

没有水就没有未来（no water no future）。水是生态安全的核心，而生态安全是国家经济安全的根本前提和基础。作为国家经济社会运行的“免疫系统”，审计组织应高度重视水环境审计，发挥审计主体在水环境保护和资源管理中的监督、建设性作用。本书具有以下理论和实践意义：

1. 有助于形成水环境审计的良好氛围

根据党的十九大的部署，我国将继续调整经济结构，转变发展方式，进一步加大生态建设投入，包括对水环境保护的投入。水环境审计工作正面临着前所未有的机遇和挑战。本书有助于提升对水环境审计工作的认识，从贯彻落实科学发展观的高度，积极向社会各界宣传开展水环境审计工作的重大意义，争取形成一个开展水环境审计的良好氛围。

2. 有助于丰富水环境审计的理论体系

在科学发展观的指导下，审计监督需要搞清楚“为什么要审计”“由谁来审计”“怎么审计”“审计为了谁”等问题（刘家义，2008）。本书有助于围绕水环境审计，寻求部分答案。明确我国水环境审计的概念、特征、主体、客体、范围等，初步构建我国水环境审计的理论体系。

3. 有助于指导水环境审计的具体实践

我国水环境审计已取得了一定进展，但与先进国家相比仍存在较大的差距。水环境审计的监督力度难以满足实际需求，对资金使用的绩效关注不够，未充分体现审计监督在环境保护和资源管理中的建设性作用。本书拟提出“三位一体”的水环境审计监督制度，构建水环境审计的绩效评价指标体系，设计水环境审计技术指南以及 IT 条件下水环境审计的统一组织项目管理系统，为我国水环境审计实践提供操作性强的直接依据和具体指导。

4. 有助于开创我国环境审计的新局面

本书的研究成果可为其他项目，如大气、固体废弃物、土地、生物多样性等环境审计提供参考。以推动水环境审计为契机，带动我国环境审计的全面开展。

第二节　研究内容和框架

一、水环境审计的问题提出

阐明水环境审计的必要性与紧迫性，明确水环境审计与水环境保护之间的互动关系，指出水环境审计发展的重大社会和经济意义。

二、水环境审计的理论问题

本部分试图构建水环境审计理论体系，包括水环境审计的理论基础和基本理论两部分。前者基于马克思主义理论以及系统科学理论，深刻认识审计的本质。然后，在可持续发展的背景下，分析外部社会政治、经济、观念结构对审计系统的影响，进而提出水环境审计的本质和系统属性。这是正确认识水环境审计、形成水环境审计基本理论的基础。后者包括水环境审计的概念、特征、主体、客体、范围等，是创新中国特色水环境审计制度、科学指导水环境审计实践的理论依据。

三、水环境审计的国际借鉴

整理INTOSAI截至目前发布的环境审计方面的调查结果，包括1994年、1997年、2000年、2003年、2006年、2009年、2012年、2015年、2018年共九份调查报告，以及2004年和2013年INTOSAI发布的水环境审计的汇总报告，了解世界上其他国家最高审计机关水环境审计的总体情况和纵向规律。重点分析美国、英国、印度等国家水环境审计的实践发展，探明先进的实践经验。

四、水环境审计的实践现状

总结我国水环境审计的发展历程。收集、整理我国审计机关发布的水环境审计结果公告，从数量趋势和具体内容两方面进行分析，指出目前我国水环境审计实践的特点以及存在的问题。进行水环境审计发展基础的中外对比，分析我国水环境审计实践的优势和劣势。

五、水环境审计的评价指标

绩效评价指标体系的构建，是水环境审计亟待突破的重点难点问题。本书融合“3E”“5E”理论，运用AHP方法构建水环境审计的绩效评价指标体系，以帮助审计人员客观、科学地评价水环境保护和资源管理等工作的成效。

六、水环境审计的政策建议

在综合前面各部分研究结论的基础上，着重从社会环境、管理模式、技术协调三个方面提出推动我国水环境审计未来发展的初步战略思路。重点构建水环境审计系统内部的“三位一体”监督制度、水环境审计主体与其他部门之间的联动机制，并且提出保障水环境审计监督制度平稳、顺畅运行的政策建议。此外，鉴于目前及未来的AO审计环境，设计IT条件下的统一组织水环境审计项目管理的工作平台。提出我国未来水环境审计操作指南的内容架构，创新水环境审计的技术方法等，以期提升我国水环境审计的技术水平。

本书的研究思路是，首先引入水环境审计的研究问题，再按照下列路线进行深入探讨，如图1－2所示。

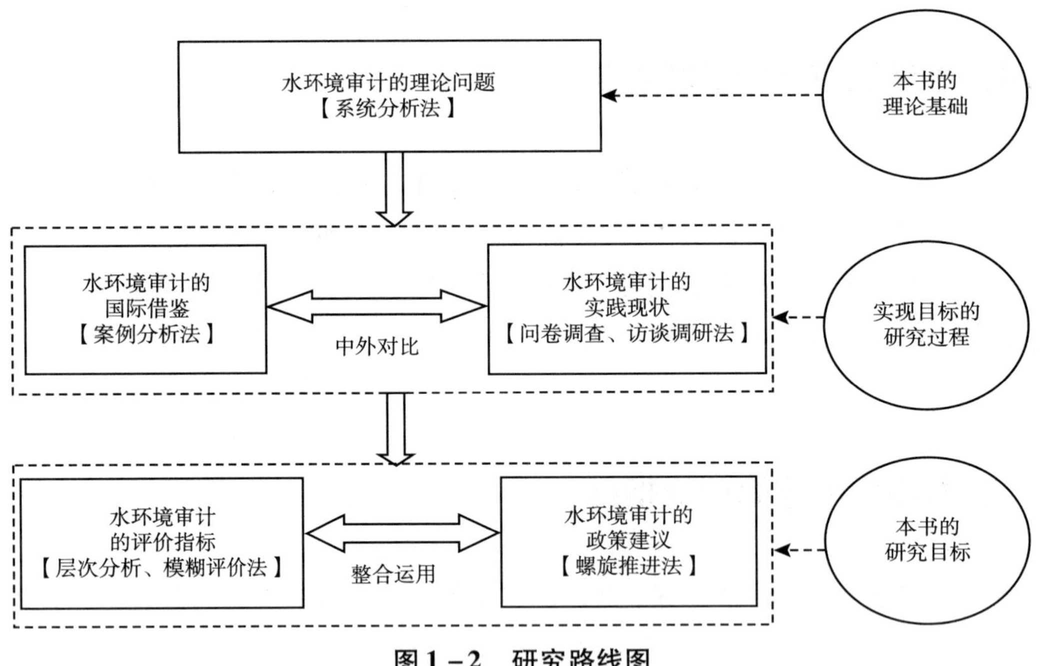

图1－2　研究路线图

第三节 研究方法和创新

一、研究方法

第一层次是总体研究方法，贯穿本书研究的全过程，指导整个研究工作的开展，主要有系统分析法、行为分析法、归纳法、演绎法、历史分析法、调查法等。

第二层次是具体研究方法，运用于本书研究的不同部分，包括案例分析法、比较分析法、层次分析法、问卷调查法、访谈调研法以及螺旋推进法等。拟以“理论—实践—理论”为螺旋推进方法，反复调研、优化，逐步提升研究结论的客观性和起草的审计工作指南的实用性。

二、主要观点

第一，环境是全人类生存、发展的根本前提和基础。环境保护问题不仅关系到生态文明建设，更关系到一个国家政治、经济、社会安全以及公民环境权利的保护。在此背景下，受托责任的内容不断丰富，出现了受托环保责任。在受托环保责任中，社会公众作为环境资源的终极所有者，有权要求直接或间接接受社会公众委托运用环境资源或者进行环境管理的政府、企业、社会组织（包括非营利组织、社团和家庭等），履行其为保护社会公众的环境权利而恰当运用环境资源、有效进行环境管理并且披露真实环境信息的义务。

第二，根据现代系统科学，特别是复杂适应系统理论的方法论指导，包括水资源在内的环境审计是审计系统权变演进的必然产物和高级阶段。在全人类倡导、重视可持续发展的背景下，包括水环境在内的环境审计应运而生，成为社会公众确信受托环保责任是否得以履行的独立、专业的监督手段。鉴于水环境是人类生存发展的最根本环境因素之一，在水环境保护方面财政投入的巨额递增，以及社会公众水环境保护意识的逐步增强，水环境审计必将成为未来审计工作的重点。当然，水环境审计的发展不是一蹴而就的，而是与社会经济、政治、观念结构的交叉、互融、互动中逐步演进而来，可能经历了一个渐进的、曲折迂回的成长过程。

第三，水环境审计的监督客体，即在受托环保责任中，接受社会公众委托、享有水环境资源使用权利的受托人。在现代社会中，受托环保责任的监督客体包括三大类，分别是政府、企业和社会组织（包括非营利组织、社团和家庭等）。出于强制性规范的需要，目前水环境审计的监督客体主要是前两大类。

第四，水环境审计的监督主体，即在受托环保责任中，接受社会公众委托、监督受托环保责任是否履行的独立、专业的第三方组织，具体包括政府审计机关、内部审计部门以及会计师事务所等社会审计组织。政府审计机关的主要职责，是监督政府部门水环境管理活动和资金使用的合法性、经济性和高效性，并且对披露的水环境信息进行鉴证，旨在提升政府在水环境保护方面的公共管理能力。内部审计部门的主要职责，是监督企业内部与水环境保护相关的管理系统的有效性，旨在确保企业有关水环境保护的内部控制目标的实现。注册会计师审计的主要职责，是评价企业对外发布的与水环境保护相关的报告信息的可靠性，旨在促使企业正确履行其对社会公众的环保责任。本书重点研究以政府审计机关为主体的水环境审计实践。

第五，水环境审计的对象范围，即在受托环保责任中，受托人需要履行的环保责任的内容，包括行为责任和报告责任两个方面，具体涉及制度管理、资金使用、项目建设、信息披露、海洋保护等内容。

第六，水环境审计的发展方向是绩效审计，目前宜实施包含合规审计和绩效审计在内的综合审计。以资金运动为审计的切入点，在合规审计的基础上，重点分析政策、制度的合理性，评价项目的效益，提出完善政策、制度和加强管理的建议。

第七，建议将水环境审计的结果与领导干部考核挂钩，成为对领导干部进行提拔、绩效考核的重要依据，实施领导干部水资源资产离任审计制度。

第八，推行水环境审计，需要配合其他方面的联动改革，是一个复杂的系统工程。例如，完善水环境审计的法律依据、培养审计人员的专业胜任能力、加快水环境审计的信息化建设、促进社会公众积极参与水环境保护的管理和监督工作等。

三、预期价值

1. 理论创新程度

本书拟运用应用经济学、管理学、政治学等多学科理论，以马克思主义理论、系统科学理论、可持续发展理论、政府公共管理理论、企业社会责任理论等为基础，以现代审计学理论为依托，紧扣“水环境”主题，阐释水环境审计的概念、特征、主体、客体、范围等，构建水环境审计理论体系，以期解决我国长期以来水环境审计理论认识不清晰、难以有效指导审计实践等问题。

2. 实际应用价值

全面、细致地分析世界其他国家审计机关的水环境审计的发展规律，重点探究美国、英国、印度等国的先进经验和做法，为我国快速推进水环境审计提供借鉴。

对我国现已公布的相关审计结果公告进行深入具体的分析，有助于了解我国水环境审计的实际情况和现实基础，为审计署、中国注册会计师协会等政府部门制定决策提供重要依据。

构建绩效评价指标体系，为我国审计人员客观、全面评价水环境保护和资源管理工作绩效提供科学依据。

设计切实可行的水环境审计操作指南，为政府审计机关、内部审计部门和会计师事务所等机构更好更快地开展水环境审计实践提供直接依据和具体指导。

第二章
水环境审计的问题提出

中国正面临着严峻的水环境危机。本章在分析这一紧迫形势的基础上，提出缓解水环境危机的根本路径是改善水环境管理。作为水环境管理的重要手段之一，水环境审计的地位和作用必将日益重要。最后，本章还探讨了水环境审计的重大社会和经济意义，包括有助于维护国家生态安全，保护公民环境权利以及监督财政资金的使用等方面。

第一节　中国面临的水环境危机

当今世界，人类的发展与进步面临着人口膨胀、资源短缺、环境恶化和生态破坏四大问题。这四大问题均与水有着密切的关系。虽然水力发电、灌溉、城市供水、航运及旅游等行业发展是有利的一方面，但是洪涝灾害、干旱缺水、水环境质量恶化和水土流失则常常干扰或制约一个国家（或地区）的社会经济发展进程，也就是人们常说的“水多”“水少”“水脏”和“水浑”四大水问题。维尔弗雷·贝克曼（Wilfred Beckerman）曾经论述到，占世界人口75%、居住在发展中国家或不发达国家的居民所面临最严重的经济发展问题就是环境问题，尤其是如何在本地获得安全的水资源供其饮用和生产。统计表明，全世界每年约400亿立方米的污水排入江河湖泊，使占全球淡水总量14%以上的可用水源受到污染。水污染正在影响着人类的健康和生存，世界银行报告指出，2亿人次的疾病是由于饮用不清洁的水造成的，每年有200万儿童因无法使用清洁水而死亡。而世界上10%～15%的耕地由于缺水或水污染正在退化。工业的进一步发展也由于缺乏水资源而受到阻碍。水环境已经成为社会进步和经济发展的主要制约因素。目前，我国水环境主要面临以下四大挑战。

一、频繁发生的洪涝灾害严重威胁着经济社会发展

受季风气候影响，我国是一个洪涝灾害严重的国家。防洪问题历来受到党

和政府的高度重视。1998 年长江流域发生大洪水以后，我国政府加大了对防洪的投入，目前七大江河的防洪设施能力有了较大的提高，防洪工程体系已具备较大规模，防洪形势得到了一定程度的改观，但是洪涝灾害对我国的威胁依然很大。1990 年以来，由于洪涝灾害所导致的损失全国年均在 1 505 亿元左右，2017 年全国遭受洪涝灾害直接经济损失达 2 142. 53 亿元，约占同期全国 GDP 的 0. 26%①。洪涝灾害对我国的威胁主要表现在：一是大部分江河的防洪工程系统还没有达到规划标准，尤其是蓄滞洪区的建设严重滞后，尚未形成完善的防洪减灾体系。二是河流众多，流域面积在 100 平方千米以上的有 5 万多条，并且大量中小河流的防洪标准低、风险高。三是已建成的水库中有 3 万多座为病险水库，潜在隐患极大。四是局部性的山洪、泥石流、滑坡灾害点多面广，防御难度大，台风所造成的灾害难以防御。

二、水资源紧缺成为经济社会发展的主要制约因素

在解决饮用水方面，自 1949 年新中国成立以来，全国已累计解决农村 2. 82 亿人饮水的困难，4 亿多农村人口喝上自来水，城市自来水基本上已经普及。在粮食用水方面，我国的有效灌溉耕地面积达到 73 946 千公顷（约 11 亿亩）。在工业供水方面，我国工业用水从 1980 年的 417 亿立方米增加到目前的 1 277 亿立方米②。但是应该看到，我国水资源短缺的状况还相当严重。

目前中国淡水资源人均总量只有 2 000 立方米，仅为世界平均水资源的 1/4，远低于俄罗斯、澳大利亚、美国等国家。2030 年中国人口高峰即将到来，人均水资源占有量可能进一步下降到 1 800 立方米左右，接近用水紧张的国际标准。如果扣除那些难以利用的洪水径流和散布在偏远地区的地下水资源后，中国现实人均可利用水资源量仅约为 900 立方米③，且分布很不均衡。对中国近几年的人均水资源占有量分析表明，总体上呈下降趋势。2010 年中国人均水资源占有量为 2 310. 41 立方米，2013 年为 2 059. 7 立方米，2018 年进一步下降到 2 007. 57 立

① 水利部：中国水旱灾害公报（2017），http：//www. mwr. gov. cn/。
② 水利部：水利发展统计公报（2017），http：//www. mwr. gov. cn/。
③ 汪恕诚：《中国水资源安全问题及对策》，载于《学习时报》2009 年 6 月。

方米，下降了13.11%[①]。全国600多座城市中，已有400多个城市存在供水不足问题，其中比较严重的缺水城市达110个，全国城市缺水总量为60亿立方米。特别是一些城市严重缺水，已经成为制约当地发展的重要因素。以北京为例，目前人均水资源占有量仅为114立方米，远低于1 000立方米的国际缺水线[②]。然而随着工业发展和人口增长，大量未处理的工农业污水和生活废水排入河流、湖泊，造成了不同程度上的水质恶化，更加剧了水资源的短缺。[③]

三、水土流失、围垦开发的趋势未能得到有效遏制

目前我国水土流失面积271.08万平方千米，占国土面积的28.34%，每年流失的土壤总量达50亿吨。严重的水土流失，不仅导致土地退化、生态恶化，而且造成河道、湖泊泥沙淤积，加剧了江河下游地区的洪涝灾害。牧区草原沙化严重，全国牧区33.8亿亩可利用草原中有90%的牧区草地退化问题突出。地下水超采严重，大量湖泊萎缩，滩涂消失，天然湿地干涸，水源涵养能力和调节能力下降，水生态失衡呈加重趋势。[④]

国家林业局从1995年至2003年期间组织开展的新中国成立以来首次大规模的全国湿地资源调查表明，开垦湿地、改变自然湿地用途和城市开发占用自然湿地已经成为我国自然湿地面积减少、功能下降的主要原因。1950～1997年期间，全国围垦湖泊面积达130万公顷以上，因围垦而消失的天然湖泊近1 000个。其中，长江河口湿地已经被围垦的滩涂达7.85万公顷，相当于辖区陆域面积的12.39%。自1950年以来，江苏省不断对湖泊湿地进行围垦，截至1997年，湖泊水域的湿地围垦面积约为1 156平方千米，占原有湖泊面积的13.67%。据不完全统计，中国沿海地区累计丧失的滨海滩涂湿地面积约119万公顷，另因城乡工矿占用的湿地面积约100万公顷，两项之和相当于沿海湿地总面积的50%。许多天然湿地已经成为工农业废水、生活污水的承泄区。近年来，江苏滨海的

---

① 水利部：《中国水资源公报（2013～2018）》，http：//www.mwr.gov.cn/。

② 国家统计局：《国家统计年鉴（2017）》，http：//data.stats.gov.cn/。

③ 水利部南京水文水资源研究所、中国水利水电科学研究院水资源研究所：《21世纪中国水供求》，中国水利水电出版社1999年版。

④ 水利部：2019年全国水土流失动态监测成果。

盐城、南通、连云港等湿地，杭州湾以南的海湾湿地，由于污染导致的赤潮现象频频发生。湿地环境污染主要包括大量工业废水、生活污水的排放，油气开发等引起的漏油、溢油事故，以及农药、化肥引起的面源污染等，其中以无机氮和无机磷营养盐污染最为严重。随着围垦，以及湿地污染、自然湿地面积的逐渐减少，湿地的生态环境安全已经受到严重威胁。①

国家林业局从 2009 年至 2013 年开展的第二次全国湿地资源调查结果显示，全国湿地总面积 5 360. 26 万公顷，湿地面积占国土面积的比率（即湿地率）为 5. 58%。与第一次调查同口径比较，湿地面积减少了 339. 63 万公顷，减少率为 8. 82%。其中，自然湿地面积 4 667. 47 万公顷，占全国湿地总面积的 87. 08%。与第一次调查同口径比较，自然湿地面积减少了 337. 62 万公顷，减少率为 9. 33%。并且我国湿地资源面临的威胁呈增长态势，影响湿地的主要威胁因子已经从污染、围垦、非法狩猎三大因子变化为污染、围垦、基建占用、过度捕捞和采集、外来物种入侵五大因子，其中围垦和基建占用仍然是导致湿地面积大幅度减少的两个最关键因素。围垦主要发生在沿海地区、大江大河的两侧以及湖泊的周边地区，基建占用主要发生在沿海地区。尤其值得注意的是，两次调查结果的数字对比显示，近 10 年来受基建占用威胁的湿地面积由 12. 76 万公顷增加到 129. 28 万公顷，增长了近 10 倍。②

四、水环境污染情况日益严重

我国废水的年排放总量从 2012 年的 6 847 612. 14 万吨增加到 2015 年的 7 353 226. 83 万吨。大量未经处理的污水直接排入水体，江河湖海遭受严重污染③。由表 2 – 1 可知，中国近几年重点湖库的水质总体上形势仍较为严峻，劣 V 类水质维持在 10% 左右，Ⅰ ~ Ⅱ类（好）水质比例保持在 1/3 以上。自 2016 年以来，水质有所改善，劣 V 类水质已经降到 6. 9%。

① 国家林业和草原局网站，http：//www. forestry. gov. cn/main/142/content – 725274. html。

② 国家林业和草原局：《第二次全国湿地资源调查主要结果》（2009 ~ 2013 年）。

③ 资料来源：中国环境状况公报，http：//www. mee. gov. cn/.

表 2-1　　重点湖库水质类别统计　　单位：%

年份	Ⅰ	Ⅱ	Ⅲ	Ⅳ	Ⅴ	劣Ⅴ类
2014	2.8	36.9	31.5	15	4.8	9
2015	2.7	38.1	31.3	14.3	4.7	8.9
2016	2.1	41.8	27.3	13.4	6.3	9.1
2017	2.2	36.7	32.9	14.6	5.2	8.4
2018	5	43	26.3	14.4	4.5	6.9

资料来源：中国环境状况公报，http：//www.mee.gov.cn/.

此外，我国地下水的污染也十分严重。2000～2007 年期间，地下水污染问题加重，地下水水质恶化的城市数目多于地下水污染减轻的城市数目，如表 2-2 所示。其中，东北地区地下水质量优劣不均、局部污染；华北地区地下水普遍污染严重；西北地区地下水质量总体较差；南方地区地下水质量总体优良、局部污染。近年来，我国地下水污染状况并未得到明显改善，2013 年水质优良的监测点比例为 10.4%，2017 年降至 8.8%；良好的监测点比例从 2013 年的 26.9% 降至 2017 年的 23.1%。①

表 2-2　　2000～2007 年中国地下水水质的基本情况

年份	基本情况
2000	全国多数城市地下水受到一定程度的点状或面状污染，局部地区地下水部分水质指标超标。在污染程度上，北方城市重于南方城市，尤以华北地区污染较突出
2001	大部分城市和地区地下水水质总体较好，局部受到一定程度的点状或面状污染，部分指标超标。北方城市地下水污染重于南方城市，超标率高
2002	大部分城市和地区地下水水质总体较好，局部受到一定程度的点状或面状污染，部分指标超标。污染区主要分布在人口密集和工业化程度较高的城市中心区
2003	地下水水质在基本稳定的基础上有恶化趋势。大部分城市和地区存在一定程度的点状或面状污染。污染区仍然以人口密集和工业化程度较高的城市中心区为主

① 中国环境状况公报（2013～2017），http：//www.mee.gov.cn/。

续表

年份	基本情况
2004	全国 187 个城市中，与上年相比，地下水污染减轻的有 39 个，污染加重的有 52 个，水质稳定的有 96 个。总体上看，中国主要城市和地区的地下水水质受人为活动的影响较大
2005	全国有 160 个城市（平原城市一般包括所辖地区）开展了地下水监测工作（其中，地级以上城市 139 个，县级城市 21 个），地下水监测点控制总面积 111 万平方千米。与上年相比，全国主要城市和平原地区的地下水水质状况相对稳定，局部地区有继续恶化的趋势
2006	根据 163 个城市的地下水水质监测资料结果，主要监测点的地下水水质以良好－较差为主。深层地下水水质优于浅层地下水，开采程度低的地区地下水水质优于开采程度高的地区
2007	根据 189 个城市的地下水水质监测资料结果，监测区主要监测点的地下水水质以良好－较差为主，深层地下水水质略优于浅层地下水，开采程度低的地区水质优于开采程度高的地区。全国地下水水质状况较上年变化不大，水质呈下降趋势的地区主要集中在华北、东北和西北地区

第二节　水环境危机的根本原因是管理危机

2002 年，荷兰奥兰治亲王殿下在“没有水就没有未来：约翰内斯堡水资源焦点”的发言中指出，世界水资源危机是一种管理危机，不是资源稀缺危机。

图 2－1 显示了水环境的自然循环过程与人类水环境管理活动的耦合关系。

事实上，中国科学院的研究表明，从大时空尺度来分析气候和地质变化对降水以及河川径流量的影响，得出的结论是水资源总量的变化幅度一直在 5% 以内。这说明自然因素对水资源量的影响是非常小的。但是，现实世界的水环境危机却非常严重，水资源量的变化远远超过 5% 的幅度。自然界的行为不可能造成现实水环境的危机，是人类的社会经济活动造成了各种水环境问题。人类活动直接介入了水、利用了水、影响了水。随着人类的进步，经济活动日趋频繁，

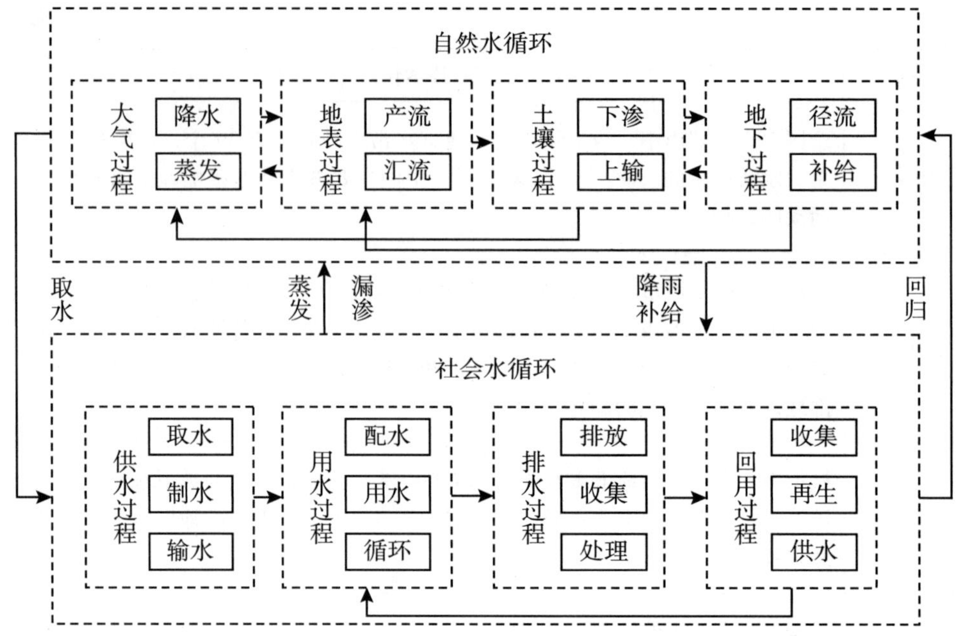

图 2－1　自然—人工二元水循环的基本过程与耦合关系

人类活动对水循环的影响越来越普遍、越来越深刻。由于人类认识水、利用水大多注重自然科学，注重工程性措施，不太注重对人的研究和管理，所以人的行为对水环境影响的自然后果、经济后果、社会后果更加直接和严重，最终导致当前人类社会面临的严重水环境危机。解决水环境问题的根源是人类，缓解水环境危机的关键在于管好人的行为。人的行为需要制度的约束，人的行为规范了，水环境危机必然会得到缓解。

因此，人类面临水环境危机的根本原因是缺乏一个良好的制度安排，缓解水环境危机的根本路径是改善水环境管理。

我国的水环境管理同样面临极大的挑战。例如，中国产业结构不合理，高耗水量行业发展集中，工业用水重复利用率低，仅为 40% 左右，单位产品用水定额高；用水浪费现象十分严重，由于水环境政策不到位，不少公众思想认识模糊，缺乏危机感，节水意识差，城市生活用水、家庭用水浪费现象普遍；一些地方水资源开发缺少全局意识，违反生态发展规律，出现掠夺式开发、浪费式利用；饮用水安全问题突出，水污染对城市和农村的饮用水安全构成了直接的威胁，饮用水源不仅受到常规污染物的污染，而且还受到新型有毒有害物质的污染，等等。

事实上，我国中央和地方政府已经充分认识到这一问题并正在积极着手予以解决。2012 年 2 月国务院发布的《关于实行最严格水资源管理制度的意见》明确提出，需要实行最严格的水资源管理制度，具体包括建立用水总量控制制度、用水效率控制制度、水功能区限制纳污制度、水资源管理责任和考核制度等。作为水环境管理的重要手段之一，水环境审计的地位和作用必将日益重要。

第三节 水环境审计的重大社会意义和经济意义

一、维护国家生态安全，确保实现可持续发展

我国“十二五”发展规划首次提出国家生态安全的概念。国家生态安全，是指国家生态和发展所需的生存环境处于不受破坏和威胁的状态。具体包括两层含义：一是防止由于生态环境的退化对经济基础构成威胁，主要是指因环境质量的下降和自然资源的减少而削弱经济可持续发展的支撑能力；其二是防止环境问题引发人民群众的不满，特别是导致环境难民的大量产生，从而影响社会稳定，导致国家动荡。2011 年的《中共中央国务院关于加快水利改革发展的决定》开篇提出，促进经济长期平稳较快发展和社会和谐稳定，夺取全面建设小康社会新胜利，必须下决心加快水利发展，切实增强水利支撑保障能力，实现水资源可持续利用。

可持续发展是我国“十二五”规划的重要议题之一。1987 年 2 月，在东京召开的世界环境与发展委员会第八次会议上通过的报告——《我们共同的未来》中，首次明确提出“可持续发展”是以“能够满足当前的需要又不危及下一代满足其需要能力的发展”。可持续发展的基本思想主要包括三方面：鼓励经济的和谐增长；确保资源的永续利用和良好的生态环境；谋求社会的全面进步。

我国是一个水资源贫乏的国家，人均水资源量只有世界人均占有量的 1/4，

全国668座城市中有400多座城市缺水，洪涝灾害和干旱也时有发生。面对如此紧张的用水短缺和重大自然灾害，水资源的浪费与污染现象却极为严重。全国73.5%的湖泊存在不同程度的富营养化，90%的城市水域污染严重，南方城市总缺水量的60%～70%是由于水污染造成的。对我国118个大中城市的地下水调查显示，有115个城市地下水受到污染，其中重度污染约占40%。据统计，每年因为突发性的事故造成的损失，水污染占到一半以上，如表2－3所示。

表2－3　　2005～2010年全国突发性环境污染事故统计

年度	污染与破坏事故直接经济损失（万元）	突发环境事件次数（a）	突发水污染事件次数（b）	b占a的比率（%）
2005	10 515.00*	1 406	693	49
2006	13 471.10	842	482	57
2007	3 016	462	178	39
2008	18 185.60	474	198	42
2009	43 354.4	418	116	28
2010	2 256.9	420	135	32

注：*表示未包括松花江污染事故损失。

资料来源：根据2005～2010年全国环境统计公报整理。

积极开展水环境审计，其社会和经济意义重大。第一，有助于提升全社会的环保责任感。通过水环境审计及时披露水环境的破坏行为，唤醒人们的环保意识，呼吁人们珍惜水资源，保护水资源，增强全社会的环保责任感。第二，有助于确保经济社会的可持续发展。水环境的破坏不仅带来直接经济损失，还将对运输、城市发展、粮食安全、能源、旅游及休闲等几乎所有经济领域都造成间接经济损失，有时甚至比直接经济损失更为严重。水环境审计有助于尽早识别水环境风险，发出预警和提示，从而预防水环境问题、减少灾害的发生，推动经济社会的可持续发展。

二、保护公民环境权利，构建社会主义和谐社会

环境权概念的提出是在20世纪60至70年代，后来在一些国际性宣言，如《东京宣言》《人类环境宣言》以及《里约宣言》中都有体现。根据统计，截至1995年世界上约有60多个国家的宪法或组织法包括了环境保护的特定条款。公民享有的环境权主要有三方面内容：一是公民参与国家环境管理的权利；二是公民有在良好、适宜、健康环境中生活的权利，这是公民环境权的基本组成部分，主要有采光权、通风权、宁静权、清洁空气权、清洁水权、眺望权等；三是公民对环境破坏或者污染行为有实施监督、检举和控告的权利。现行《中华人民共和国环境保护法》规定，一切单位和个人都有权对污染和破坏环境的单位和个人进行检举和控告。从本质上说，环境权的提出，是为了保护公民基本权利（包括生存权、自由权、财产权等）免受环境污染或生态环境破坏的侵害。

目前的现实情况是，公民的环境权利往往得不到有力的保障。一是难以对政府的水环境管理行为进行有效的监督。国家虽然是水环境资源的所有者，但通常将具体管理工作交由政府部门来完成。公民作为相对于政府的弱势群体，缺乏对其进行约束的有效手段。二是水环境信息不透明，存在信息不对称问题，且难以对所披露信息的可靠性进行专业鉴证。鉴于此，由具备专业胜任能力的审计人员对政府和企业公开的水环境信息进行评价，并将评价结果对外公开，就是监督政府水环境管理行为、提升水环境信息透明度的重要路径和手段。

三、监督财政资金使用，改善政府水环境管理

随着水环境保护的备受重视，我国对水环境投资的金额逐步加大。表2－4呈现了2010～2015年间，环保部和水利部有关水环境投资的具体情况。

表 2－4　　我国水环境保护投资　　单位：亿元

年度	环保部			水利部	合计
	排水设施建设投资	废水治理投资	小计	水利建设投资	
2010	901.6	130.11	1 031.71	2 019.9	3 051.61
2011	770.1	157.7	927.8	3 086.0	4 013.8
2012	934.1	140.3	1 074.4	3 964.2	5 038.6
2013	1 055.0	124.9	1 179.9	3 757.6	4 937.5
2014	1 196.1	115.2	1 311.3	4 083.1	5 394.4
2015	1 248.5	118.4	1 366.9	5 452.2	6 819.1

资料来源：2015 年环境统计公报和 2010～2015 年的水利发展统计报告。

由表 2－4 可知，在 2010～2015 年六年期间内，水环境保护方面的投资总额翻了两倍多。2015 年水环境总投资额已超过 6 800 亿元，如果加上“三同时”中有关水环境的投资，这个数额将更加庞大。不仅如此，2011 年《中共中央国务院关于加快水利改革发展的决定》还提出，“多渠道筹集资金，力争今后 10 年全社会水利年平均投入比 2010 年高出一倍”。2016 年 12 月，国务院批准印发《水利改革发展“十三五”规划》，进一步推进水利改革发展，财政资金流向哪里，审计监督就要跟到哪里。作为看管人民“钱袋子”的最重要监督主体，审计组织当然需要审查这些巨额财政资金的合规性、经济性和效益性，帮助政府改善其水环境管理工作。

第三章
水环境审计的理论问题

本章拟构建我国水环境审计的理论体系，包括水环境审计的理论基础和基本理论两部分。前者基于马克思主义理论以及系统科学理论，深刻认识审计的本质。然后，在可持续发展的背景下，分析外部社会政治、经济、观念结构对审计系统的影响，进而提出水环境审计的本质和系统属性。这是正确认识水环境审计、形成水环境审计基本理论的基础。后者包括水环境审计的概念、特征、主体、客体、范围、方法、标准等，是创新中国特色水环境审计制度、科学指导水环境审计实践的理论依据。

第一节　水环境审计的理论基础

审计、环境审计以及水环境审计等一系列概念，在近些年环境审计的理论探讨以及实证研究中，大量出现并广泛使用。通常，人们探讨和研究这些问题时，一般先给出定义。但是，阅读众多文献资料后发现，精确的定义是很困难的。马克思、恩格斯的两段话，指明了正确的理解方向。马克思说，任何事物都是“一个具有许多规定和关系的丰富的总体”“是许多规定的综合，因而是多样性的统一”①。恩格斯认为，“一个事物的概念和它的现实，就像两条渐进线一样，一齐向前延伸，彼此不断接近，但永远不会相交”②。因此，多视角、多方法地审视同一事物的某一或某几方面时，必然会产生不同的结论和意见，同一学术领域内主义丛生、学派林立也就非常正常了。

我国著名科学家钱学森院士认为，“马克思主义哲学是智慧的源泉，是人类对客观世界认识的最高概括”③；“基础科学的研究应该接受马克思主义哲学的指导，从整体上考虑并解决问题”④。因此，马克思主义哲学与系统科学在社会科学以及自然科学领域中具有极其重要的基础地位。

水环境审计的研究，不可能也不应当脱离先哲们创立的理论基础与思维方

① 《马克思恩格斯选集》第2卷，人民出版社1972年版，第102~103页。
② 《马克思恩格斯选集》第4卷，人民出版社1972年版，第517页。
③ 钱学森：《智慧与马克思主义哲学》，载于《哲学研究》1987年第2期。
④ 钱学森：《也谈基础性研究》，载于《求是》1989年第5期。

法。本部分将首先尝试按照马克思主义理论蕴涵的观点和思想，结合现代西方经济学理论，采用还原法，研究审计（包括水环境审计）的基点和本质。接下来，在分解研究的基础上从综合集成到系统整体，运用现代系统科学，以系统科学“新三论”之一的耗散结构论为重点，以“新三论”反映的权变演进思想为主线，以复杂适应系统理论为思维模式，确立研究审计（包括水环境审计）的准全息视野和网状逻辑模式。最后，基于前两部分论述的基础上，尽可能全面、整体地把握和理解水环境审计的构成要素与系统特性，给出准全息图像，为后续的深入探讨提供概念基础，详见本章第二节。

一、审计本质的立体思考

1. 探索审计本质的理论基础

探讨审计的本质，必须以哲学、社会、政治、经济等学科理论作为基础和指导。马克思主义理论，是经过实践证明的真理，但真理也有相对性，将百年前的理论用于今天，若不按其精髓予以发展，是违背马克思主义的；发展马克思主义，又是一个庞大的课题，因此，笔者仅就自己的学习，谈一点认识和想法——马克思所有制理论和财产权概念与现代产权理论的融合、互补。

（1）马克思主义理论的基础原理。

马克思主义理论的基础原理，包括唯物论、辩证法、认识论和唯物史观等，鉴于在我国基本上是公知的学科理论，就不赘述了。

（2）现代产权理论与马克思主义理论。

第一，马克思主义理论的现代应用与现代产权理论。

在马克思所处的时代，社会分工远没有达到现在的程度。虽然那时也存在债权、股权、版权等，但还没有成为经济社会的主流，有形的物权仍然占主导地位。马克思是德国人，深受德国民法（大陆法系）的影响。德国民法的财产权仅与有形的物品有关。基于这些因素，马克思在论述生产资料对生产关系的影响时，强调生产资料的所有权的重要性就是很自然的。马克思注重对所有权的经济学阐释，即通过对生产资料所有权的分析来剖析人与人之间的生产关系。不同的生产资料所有权形式会产生不同的生产关系。马克思从法学与经济学相结合的意义上分析生产资料的所有权，着重对生产资料的所有者（占有者）与生产过程中使用生产资料的劳动者之间的经济关系进行分析。但马克思似乎找不到更贴切的词来表达自己的思想，只好沿用“eigentum”或“eigentum recant”①。我国学者翻译其著作时，较为准确地捕捉到了马克思的原意，译成了“所有制”。“所有制”的经济学意义与新制度经济学家分析产权的出发点比较相似。不同之处在于，马克思是围绕生产资料的所有权展开分析，而新制度经济学家则把分析对象更加一般化，扩展为市场经济的一般对象。因此，配杰威齐在《马克思、产权学派和社会演化过程》一文中说：“马克思是第一位有产权理论的社会科学家”②。但严格说来，马克思没有提出过现代意义上的产权概念，更没有形成系统的、具有现代意义的产权理论。

科斯在建立现代产权理论时，明确了产权的清晰性和有效市场转让的效率意义。但是，现代产权理论回避了“产权应该界定给谁，才有利于经济效率的提高”。虽然科斯定理可以推导出，在正交易费用的世界里，产权的不同界定会导致不同的社会福利结果，但科斯是直接把产权得到界定或分配视为讨论问题的前提条件。而马克思的所有制理论则研究了所有权应该分配给谁更有利于生产力的发展。因此，马克思的所有制理论是现代产权理论的基础和互补。

第二，产权的定义与产权关系。

对权利的界定，存在地域差别、中西方法律体系的差别。另外，法学与社会学、经济学的研究基点不同（尽管它们有密切联系），它们对概念的表达，是有差异的。对权利的理解及适用，法学与社会学、经济学也迥然不同。

我国会计学界，对“产权”最有代表性的论述，是田昆儒教授在1999年编写的《企业产权会计论》一书中，对“产权”的定义：“产权是以财产权为基础所形成的权利集合体。这个权利集合体由一组权利构成，包括产权主体对财产享有的所有、占有、使用、处置、收益等权利。从完整的产权来讲，它既包括财产所有者对财产的所有权，也包括财产所有权派生的占有权、使用权、处置权和收益权。而上述的财产终极所有权、使用权、处置权和收益权中的任何

① 全国哲学社会科学规划办公室：《弄清马克思的马克思主义》，http://www.bjpopss.gov.cn/bjpssweb/show.aspx? id=9059&cid=22.

② S. Pejovich, Karl Marx, Property Rights School and the Process of Social Change, *In Karl Marx's Economics: Critical Assessments*, ed. by J. C. Wood, London: Croom Helm Press, 1988, P. 240.

一项都构成不了完整的产权。”[①]

我国《民法通则》第七十一条指出，财产所有权是指所有人依法对自己的财产享有占有、使用、收益和处分的权利。对于“与财产所有权有关的财产权”，《民法通则》运用多个条款，包括了“财产经营权”“财产共有的处置优先权”“不动产相邻权”等。另外，《民法通则》第五章将“财产所有权和与财产所有权有关的财产权”与“债权”“知识产权”“人身权”并行规定[②]，因此，即使将财产权作广义解释，也不包括债权和知识产权。我国2007年颁布的《物权法》，对“物权”的定义是：“本法所称物，包括不动产和动产。法律规定权利作为物权客体的，依照其规定”；“本法所称物权，是指权利人依法对特定的物享有直接支配和排他的权利，包括所有权、用益物权和担保物权”。我国法律中，财产权是相对于人身权而言，债权是相对于物权而言的[③]，没有独立的“产权”定义规范。在西方英美法系国家，产权是以财产所有权为基础的权利，是相对人权而言的。无论产权还是人权，他们界定的内涵与外延都与我国法律存在明显差异。

因此，对于“产权”，应当作一个限定：“产权是所有制的核心和主要内容，包括物权、债权、股权和知识产权等各类财产权”。这个由《中共中央关于完善社会主义市场经济体制若干问题的决定》给出的定义，与科斯产权理论中“产权”的含义基本一致——产权是扩大了的所有权，是由若干权利束集合构成的。

与法学相比，社会学、经济学中的权利或权益，更着眼于“关系”。社会学和经济学中，任何一项权利或权益，首先是经济关系，其次是与经济关系密切不可分割的社会关系。因此，“产权”的内涵与外延所表达的，决不是某单个主体的权利或权益，而必然是两个或多个主体（之间）的经济关系和社会关系——产权关系。这样理解，才既符合马克思主义理论，又与现代产权理论相吻合。

综上所述，马克思主义理论和现代产权理论互为补充，共同构成了研究、探索审计本质的理论源泉和基础。

---

① 田昆儒：《企业产权会计论》，经济科学出版社2000年版，第20页。

② 《中华人民共和国民法通则》。

③ 根据法理学基础，财产权是与人身权相对的，人身权是指与公民的人身不能分离而又不直接与经济利益相联系的民事权利，分为人格权和身份权两类。物权是与债权相对的，物权是因物而产生的权利，债权是因行为而产生的权利。如王勇飞、张贵成：《中国法理学研究综述与评价》，中国政法大学出版社1992年版，第296～297页。

2. 审计存立的社会经济基础

（1）审计的社会基础。

有社会才可能有审计。审计是一种社会现象，是应人的自然需要和社会需要而历史地产生的。它是人类社会产生并发展到一定阶段的产物，一经产生，即与人类社会的发展同步并进。

审计是处理社会共同体中人与人之间以及社会共同体之间的关系的规则之一。审计的产生和审计需要的出现，至少要有两个人存在并彼此发生一定的关系——商品交换（契约）关系或财产的所有权关系。一方主张审计监督，因为另一个人可能侵害其权益。完全脱离社会人群孤立生活的人，是不需要审计的，没有任何与他对立的人会否定、侵犯他的权益（财产所有权），或帮助他实现其权益（建立和维护财产委托与受托管理关系）。所以，审计出现的先决条件必然是人类社会的存在。当然，这是审计存在的必要条件，而非充分条件。

人类之所以要组成社会，首先是基于生存的自然需要，必须结成群体，共同对抗自然界各种威胁，向自然界索取生存的资源，同时挑战与他人或其他群体之间的纠纷。个体不能离开群体生活①，从原始人类的部落到氏族社会，到形成国家，到高度分工的现代社会乃至正在形成中的地区性和全球性组织，都是如此。其次，应当注意，社会性是人类的自然天性，但不是简单的动物本能，而是有意识的组合。社会性不只是人类固有的天性，并且随人类社会实践的发展而发展。人以其自然本性构造了社会，社会反过来改造了人。因此，社会性是人的本质属性，也是决定审计产生的主要基础。

（2）审计的经济基础。

审计的产生和审计需要的出现，不是随人类社会的产生而产生，而是发展到一定阶段，特定经济关系——受托责任关系出现之后才产生，是由财产的委托与受托管理（保管）关系决定的。

在氏族社会，人们关注的是如何提高生产力、如何保护生产力，在物质极端匮乏的时候，没有剩余的物质产品，人与人之间没有财产的所有权关系。这时，是不可能有什么审计的。随着社会生产力的进步与发展，有了剩余的物质产品，产生了财产的所有权关系，之后，随着历史的发展，以财产所有权为基

① 荒岛上的生存，一是非常艰难的特例；二是这样的生存者带着他在人类社会所提升的各种能力；三是例如，狼人，已经不是人了，只能像动物一样生存。

础的财产委托与受托管理关系出现，这时，才产生了审计（萌芽）。正如审计史学家理查德·布朗（Richard Brown）在论述审计起源时曾经指出的：“审计的起源可追溯到与会计起源相距不远的时代……当文明的发展产生了需要某人受托管理他人财产的时候，显然就要求对前者的诚实性进行某种检查”①。

因此，在人类社会产生并发展、特定经济关系——财产所有权关系产生之前，是不可能有审计的；在人类社会的特定经济关系——财产委托与受托管理关系产生之前，是不需要有审计的；审计的产生与发展本质上是产权关系的产生与发展。经济基础——人类社会的特定经济关系——产权关系的产生与发展决定了审计的产生与发展。审计的产生和发展，最终是由社会的经济基础发展决定的。

（3）产权关系的产生和发展与审计的产生和发展紧密相连。

可以这样描述审计的产生和发展：人类社会最初的产权关系，由于生产力不发达，就是单纯的财产所有权关系，随着生产力的发展进步，产权关系的内容逐渐增加和丰富；当人们的剩余财产多到无法自主保管时，首先出现的是委托保管，委托与受托保管关系标志着审计的萌芽；随着社会的进步发展，当委托保管无法满足需要时，产权关系的内容进一步增加：委托与受托管理、经营关系出现并丰富到产权关系之中，简单的审计（萌芽）无法满足需要。这时，审计的产生成为必然。随着生产力的继续发展进步，合伙制甚至公司出现时，产权关系较产生之初，已经有了完全不同的内涵，这时，审计的发展成为必须。

人的社会性是审计产生的基础条件，但不是充分条件，也不是直接原因，社会的经济基础最终决定着审计的产生和发展。而产权关系的产生与发展，才是审计产生与发展的最直接最根本原因。因此，产权关系，无疑是审计本质的最根本因素。

3. 审计客观性与主观性的辩证统一

（1）审计的客观性。

承前所述，对审计的认识和理解，显然不能从它们本身来理解，也不能从人类精神的一般发展来理解，相反，它们根源于物质的生活关系，这是审计的社会物质根源。进一步看，审计是根源于社会物质生产关系，并从它派生出来

① 文硕：《世界审计史》，中国审计出版社 1990 年版，第 4 页。

的一种新的社会经济关系、一种反映经济关系的意志关系。

结合马克思论述产权理论、在《资本论》中谈到交换过程时的描述，可以看到这样的脉络。在商品（物）的交换中，当事人“必须作为有自己的意志体现在这些物中的人”而彼此发生关系，交换行为才有可能，所以商品交换是交换者的“意志行为”；“他们起初在交换行为中作为这样的人相对立：互相承认对方是所有者，是把自己的意志渗透到自己的商品中去的人，并且只是按照他们的共同意志……通过互相转让而互相占有”[①]。而在“需要某人受托管理他人财产的时候”，委托人与受托人，显然也是“互相承认对方是所有者，是把自己的意志渗透到自己商品中去的人，并且只是按照他们的共同意志……”通过相互间的委托与受托行为，自然形成一种包含“显然就要求对”受托人“诚实性进行某种检查”内容的新的产权关系。在此过程中，可以看到，首先存在的是自然的实际行为关系，虽然有人（交换者双方、委托人和受托人）的“共同意志”渗透其中，却依然是客观存在的实际关系。因为，任何人的行为都是有意识或意志的行为，它既是“行为”，就是客观的社会存在，不是只存在于人脑海中的意识。

马克思说，在社会历史领域内进行活动的，全是具有意识的、经过思虑或凭激情行动的、追求某种目的的人，任何事情的发生都不是没有自觉意图、没有预期目的的。人类所处的自然环境，如马克思所说，已是“人化的自然”。即使如此，它们都是客观存在，不属于意识范畴。

因此，“意识”与“意识的产物”虽有紧密的因果关系，但却是两种不同的东西。审计观、审计理念属于社会意识范畴，是审计的内容，而经过社会意识调整（意识对物质的反作用）后的产物——审计法律、审计准则、审计组织等审计实体，则是代表审计社会意识的社会存在。正如建筑设计思想是意识形态，而它的产物——建筑设计和最终产生的房屋建筑是物质的存在一样。

由产权关系决定和直接产生的受托责任关系也是如此[②]。它虽然是体现经济关系的意志关系与意志行为，却同样是“共同意志行为”的产物，是产权关系（一种社会经济关系）派生出来的社会存在，同时又增加和丰富了产权关系的内容。

---

① 《马克思恩格斯选集》第13卷，人民出版社1972年版，第102页。
② 受托责任关系，包括“授权监督”以及相关权利义务。

（2）审计的主观性。

审计的主观性是指审计意识的主观性。

审计意识并非来自于所谓的经济基础或物质生活条件，而是审计现象。审计现象与审计意识是“存在与意识”在现实社会中的表现，它们之间是“第一性”与“第二性”、被反映与反映的关系。审计现象决定审计意识，审计意识反作用于审计现象。审计现象的物质性，不是指对物质经济条件的绝对依赖，而是指它不以审计意识为转移的客观实在性。审计意识的内容来源于审计现象，是审计现象在人们头脑中的映像。审计现象的丰富性和广泛性，决定着审计意识的丰富性和复杂性。审计现象由低级向高级发展，决定着审计意识的逐步提升和演变。

值得注意的是，审计现象与自然现象不同，区别在于审计活动的自觉性与能动性。但“自觉性”“能动性”并不否定其“客观性”，它依然是独立于审计意识之外的一种客观存在，是审计意识认识和反映的客观对象。

所谓认识，是由物到感觉、思想。认识，是主体对客体的反映，是一个能动的创造性过程，是以实践为中介而实现的。认识过程充满着矛盾，认识的真谛，就在于不断克服主观和客观、认识和实践之间的矛盾，求得它们之间具体、历史的统一。

认识过程的复杂程度超乎想象。辩证唯物主义认识论指明了正确方向。但是，如果认为很容易、很轻松，那必然会在认识“审计”的过程中犯错误。审计产生时，是客观需要反映到人脑中的一种“主观需要”，即审计意识和想法。这样的“意识和想法”，虽然由社会经济结构（经济基础）所决定，但是，绝不能忽视社会的政治结构、观念结构对它的影响，不能忽视人的自觉能动性在“认识”过程中的重要作用。这也是审计意识与审计意识形态存在差异的本质原因[①]。

（3）审计客观性与主观性的辩证统一。

当本书用受托责任关系表述审计的本质时，是为了突出其客观性特征；其

① 意识，是自然界和社会长期发展的产物，是人脑的机能，物质世界的主观映像。意识形态，也称社会意识形态或观念形态，是指属于社会上层建筑的社会意识的各种形式，包括政治思想、法律思想、道德、宗教、艺术、哲学以及部分社会科学在内，它是对社会经济基础和政治关系的反映，并为特定的经济基础和政治法律制度服务。社会意识形态是人类社会发展到一定阶段的产物。代表先进阶级利益的社会意识形态，对社会发展起着积极的促进作用，代表反动阶级利益的社会意识形态，对社会发展起着阻碍的作用。

实，对审计意识这样一个意识形态而言，受托责任关系应当是产权关系（社会经济关系）与审计意识（意识形态）之间的“中介”，它们之间的区别与联系可以这样理解。

第一，受托责任关系是由产权关系（社会经济关系）派生和决定的，其核心是产权（束）丰富之后的内容——“授权监督”及相关权利义务[①]。

受托责任关系本身，是在一定的物质生产方式下，由人们在行使权利和管理财产过程中自然形成的“授权监督”及相关权利义务关系和习惯规则。它的产生是社会经济发展的客观自然规律的表现，作为财产权关系的直接和直观体现，它是社会自然形成的客观实在，从这个角度看，其本身也是客观的自然规律——有“财产所有权的行使和管理”就必然会有相关联的“授权监督”权利义务和习惯规则。因此，受托责任关系不是一种绝对理念的、抽象的、行而上的“精神关系”，它是产权关系发展进步的结果，同时也丰富了产权关系的内容，而成为产权关系的组成部分。

第二，受托责任关系是产权关系（社会经济关系）与审计意识（意识形态）之间的“中介”。

受托责任关系直接体现了特定社会物质生产方式或社会经济关系的性质与要求，审计意识、审计意识形态则是对已经形成的、产权关系丰富内容——受托责任关系的反映、确认和表达，使之成为一种社会公认的、明确的、普遍性的规范体系，甚至赋予其国家权威（国家威信和国家强制力）。因此，受托责任关系实质上是特定社会物质生产方式或社会经济关系与审计意识、审计意识形态之间的“中介”物。

第三，产权关系（社会经济关系）、受托责任关系与审计意识（意识形态）之间，是内容与形式的关系。

受托责任关系直接体现财产所有权的性质与要求，因此，它显然是财产所有权关系、“两权”分离关系到这些特定社会物质生产方式或社会经济关系的表现形式；但是，财产所有权关系、“两权”分离关系这些特定社会物质生产方式或社会经济关系，其表现形式是多样的，绝非仅仅只有受托责任关系一种；契约、等价有偿、共同意识表示，等等，也都是这些特定社会经济关系的形式。

---

① 有观点将这种“丰富”定义为“裂变”或“分裂”，这是典型的科斯产权理论的英美法系根源与我国法律概念承接于大陆法系之矛盾冲突所导致的，“裂变”或“分裂”并不能完全涵盖这种“丰富”。

还需要了解的是，审计意识（意识形态）作为社会观念结构的一部分，其广泛的、立体的、多层次的各种现象，也不全然是这些特定社会经济关系直接决定的，不能排除其他社会经济关系的共同影响。

结合前面的论证，可以认为：产权关系（社会经济关系）是决定受托责任关系与审计意识（意识形态）的核心的本质内容，受托责任关系与审计意识（意识形态）是体现特定社会经济关系的本质形式之一。

第四，产权关系、受托责任关系与审计意识（意识形态）之间，也是社会存在与社会意识的关系。

前面已经说明了产权关系和它派生（财产所有权关系的直接体现和反映）出来的受托责任关系，是社会存在；而审计意识、审计意识形态显然是表达人类社会共同意志并且反映经济和其他社会规律的社会意识。

人类的社会意识对社会存在是有反作用的，经过社会意识的反作用之后，社会存在（社会物质生产方式或社会经济关系）必然会有所改变。而这样的所谓“改变”，一方面增加了社会意识的物化形态，另一方面也逐步使审计意识成为审计意识形态。正如列宁所言，人的意识不仅反映客观世界，并且创造客观世界。审计意识（意识形态）的物化形态是什么？就是人们经常看到的审计法律、审计准则、审计机构和审计行为等。

4. 立体的审计本质

（1）审计本质的多面性。

审计的本质具有“多面性”，不是简单的一两句话就可以概括所有审计现象的本质，因为审计的现象是极其纷繁复杂的。可以说，审计是上层建筑；也可以说，审计是管理社会的工具；或可以说，审计是国家（统治阶级、人民）意志的体现；还可以说，审计是确定的、特定的社会规范，等等。这些都各自说明了审计某一个方面（内容与形式）的特征。这些特征的整合，才能说明审计的整体本质。

（2）审计本质的多层次性。

如果说，审计的初级本质是它的社会性（有人类社会才有审计），那么，它的第二层本质就深入到审计的意志性（它是财产所有者或产权关系主体的意志，或者社会共同体的意志、统治阶级意志、人民意志的产物）；然后，第三层本质是它的利益性（审计不是超然于世的纯粹教条、理念，不论其是阶级意识的反映还是全民意识的反映，其共同意志的形成背后，都有共同利益的驱动，都是以维护一定的共同体、集团、群体的利益为动因）；再深入下去，这种利益归根到底取决于该时代的物质生活条件、受制于客观经济关系和社会规律，而不以个人（或集团、或阶级）的意志为转移，这就是产权关系，动态的、发展中的产权关系。

（3）审计本质的根本性因素是“产权关系”。

本质与现象不是简单的内容与形式的关系，这是两个并非等同，或完全对立的范畴。因为，本质自身也有其内容与形式。黑格尔把“与内容不可分离地联系着的形式”称为“本质的形式”，亦即通常所说的“内在形式”或“内部结构”。列宁据此指出，“形式是本质的，本质是具有形式的。”本质形式也是相对固定、静止的，不同于事物的外部形式受偶然性影响而常有变动。外部形式属于现象范畴，内部结构形式属于本质范畴，它是本质的构成部分，也是决定事物性质的要素。根据系统论“结构质变律”，事物结构形式的变化（序列易位，或要素重新组合，或构型变换）也会引起事物的质变。正如有机界许多化合物的性质同它的分子结构形式密不可分，存在着“同分异构”现象。比如无机界的金刚石与石墨都是碳元素组成，由于内部分子结构不同，性质相反，一硬一软。

审计的本质内容主要是它的社会内容，包括决定审计本质的生产、交换、分配关系即经济关系，审计所体现、集中反映的是社会某个或某些群体（民族、社会不同利益群体等）的共同意志与利益，政治权力与文化传统的影响、理念、精神、价值取向，等等。需要注意的是，这些本质内容是多面的、多层次的，其中最核心的本质内容是社会经济关系——产权关系。审计的本质形式则是它的结构特征——受托责任关系（“授权监督”权利义务关系及其习惯规则），它体现了产权关系（社会经济关系）的意志关系与意志行为，它是先于审计意识、审计机构等存在于人们社会经济关系中的客观实在，包括审计对相关经济行为的规范性，审计遵行的义务性和权威性（自觉遵循、接受指导或权力强制），审计执行的技术性、程序性，等等。需要注意的是，这些本质形式也是多面的、多层次的，而其中的核心是受托责任关系——“授权监督”及相关权利义务。

因此，审计本质上是一种社会经济关系——审计关系，审计关系是产权关系的内涵之一。

（4）克服“非此即彼”的惯性思维，立体认识审计本质。

前面的论证说明，对审计本质的认识和把握，不宜用一两句话概括。应当分析事物的具体概念，避免简单的抽象思维——抓住事物的一个部分的规定性，就当作全部真理。

另外，认识过程是反复和无限的。即使是真理，也是绝对性和相对性的对立统一。比如，在事物的必然性之外可能出现某些偶然性，从而出现与本质定义不尽相符的地方，使原有定义产生疏漏或不周全的情况，按照必然性寓于偶然性之中、真理的相对性等系列原理的指导，也只能考虑另做新定义了。

这些状况的存在，正是为什么审计、环境审计、水环境审计等定义丛生、各执一词的根本原因。探讨审计的概念与本质时，应区分审计现象中的边缘性和偶然性因素与审计概念的核心因素、必然性因素。而且，无论在任何一个时期，给出的审计概念和理论，都不可能穷尽，也不可能是最终的。

有关审计的本质，先后出现过查账论、过程论、经济监督论、受托责任控制论、契约论等几类不同的学说。对大多数学者而言，后来者体现出的“高”的现象，表现在他们经常将以前的学说、观点加以剖析，并说明其自身的升华与完善。其实，这就是没有注意“亦此亦彼”现象，忽视了“亦此亦彼”现象所反映的哲学原理。根据上述说明，这几类学说，实际上都有正确性和实践意义，一方面反映了人们对审计逐渐深入的认识过程，另一方面，分别在不同层次，按照不同视角、从不同方面认识了审计的本质，这也就是所谓“立体的审计本质”。

二、审计整体的系统特性

前面已经采用还原法将审计分解为本质内容、本质形式、物化形态等要素，为运用系统科学理论、界定审计系统的边缘进而分析审计系统的发展做出了铺垫。下面将在分解研究的基础上，综合运用现代系统科学，集成审计众多复杂因素到系统整体，以“新三论”之一的耗散结构论和权变演进思想为主线，以复杂适应系统理论确立的准全息视野和网状逻辑模式，描述和研究审计系统的发展变化。

1. 系统科学理论的引入

（1）耗散结构理论。

耗散结构论（Dissipative Structure Theory）是近几十年发展起来的一门研究非平衡态开放系统结构和特征的新兴学科，创始人是比利时物理学家普利高津教授。普利高津教授基于热力学第二定律，提出“耗散结构”论。耗散，原意是指开放系统与外界进行的物质、能量、信息的交换运动。耗散结构则是指远离平衡态的开放系统，通过耗散运动形成的一种动态稳定的有序化结构，即由原来混浊无序的状态转变成一种在空间、时间或功能上有序的状态。耗散结构论探讨系统从无序转变为有序的条件、相干行为和机制，探讨耗散结构的形成和生长的动力学，研究怎样通过“涨落”的作用使系统有序化以及研究在什么情况下可以有效地运用耗散结构的概念和范畴。

（2）权变演进理论。

权变作为重要的系统科学概念，源自中国古代管理思想和西方权变理论。权变理论（Contingency Theory）具有三个主要特征：①以开放系统为基础。权变理论认为组织是一个开放的系统，与一般系统理论相比，权变理论更具体，不满足于对组织内部机制的了解，更强调分析组织系统与外部社会、政治、经济系统的相互作用机制，重点研究组织与环境之间，以及各子系统之间的一致性。权变理论认为，组织成功与否取决于组织和环境关系的适应状态，组织要有适应环境的能力；②从多变量的视角分析复杂问题。确定不同变量组合产生的特定结果，应用各种方法解决特定情景的具体问题，否认一种普遍适用的最佳原则和方法，强调灵活性和适应性，应根据系统所处的内外部环境的变化而变化；③以实践研究为导向。强调在实践中总结经验，上升到理论方法层次，再去指导和改进实践，相对缩短了理论转化为效益的时间，有利于对实际应用问题的研究。

（3）复杂适应系统理论。

美国圣塔菲研究所（Santa Fe Institute，SFI）是复杂科学的发祥地，复杂适应系统理论（Complex Adaptive Systems Theory）作为复杂科学的一个重要组成部分，是 SFI 创建 10 周年之际取得的一项重要理论成果。复杂适应系统理论认为，尽管“适应性”不是系统复杂性的唯一来源，但它是导致系统复杂性的根源，其基本观点包括：①系统的组成元素是系统的主体，主体是有主动性、适应性的“活”的实体，可以根据环境变化改变自己的行为规则，寻求生存和发展；②主体之间、主体与环境之间的相互作用和相互影响，是系统演进的主要动力；③主体具有“聚集”特性，简单主体经过“聚集”能够形成具有高度适应性的聚集体，主体的“聚集”效应隐含着“正反馈”机制；④“宏观”和“微观”是有机关联的，主体的适应变化应当融入整个系统的演进中统一考察；⑤竞争机制和随机机制，导致了系统中主体活力的增强①。

系统科学远远不止上述内容，还有混沌系统理论、复杂系统理论、开放复杂巨系统理论、蝴蝶效应理论，等等。限于文章篇幅，不再详述。

2. 审计系统特性的分析

审计是一个庞大复杂的社会子系统。基于前面的理论准备和分析，审计在本质上是立体、多层次的，这样的立体本质直接反映出，审计的体系结构、内容形式、方法技术以及运动特性、社会属性等，必然都是极为复杂和多因素性的。按照系统科学理论的指导，审计无疑是一个庞大复杂的社会系统，它是人类社会巨系统中的子系统，而其所包含的产权关系、受托责任关系、审计意识、审计意识形态、审计制度规范、审计技术准则、审计行为等诸多要素本身也是动态、复杂的系统。这些要素系统是审计系统的组成部分，是审计系统的子系统。审计系统不是独立的、不是孤立的，甚至它的系统边界、内部结构、层次关系都存在模糊、交叉，它是一个动态的、非线性的系统，在与社会经济结构、社会观念结构、社会政治结构②的全方位交叉、互融和互动中实现自己的动态平衡与演进发展。图3－1反映了审计系统的构成及其外部环境。

首先，审计系统是一个开放的系统。开放性是物质世界中一切系统的普遍属性，绝对的孤立系统是不存在的。审计系统一直不断与外界环境，如社会经济结构、社会观念结构、社会政治结构之间交换物质与能量。其次，审计系统是一个远离平衡态的系统。从最初的查账到财务报表审计直至现在包括水资源在内的环境审计，无不说明审计系统不断与社会环境相融，以形成内部的变革动

① 李士勇、田新华：《非线性科学与复杂科学》，哈尔滨工业大学出版社2006年版，第201～203页。

② 根据马克思主义理论，人类社会包括社会经济结构、社会政治结构和社会观念结构三部分。社会的经济结构，是指多种生产关系的总和，即经济基础。在由多种生产关系构成的经济结构中，必有一种生产关系居于统治地位，起着主导作用。正是这种占统治地位的生产关系决定了社会经济结构的性质。社会的政治结构，是指建立在社会经济结构之上的政治法律设施、政治法律制度及其相互关联的方式，包括政党、政权机关、军队、警察、法庭、监狱和关于政权的组织形式以及立法、司法、宪法的规程等。社会的观念结构，是指思想上层建筑或观念上层建筑，它是由各种意识形态组成的有机系统。

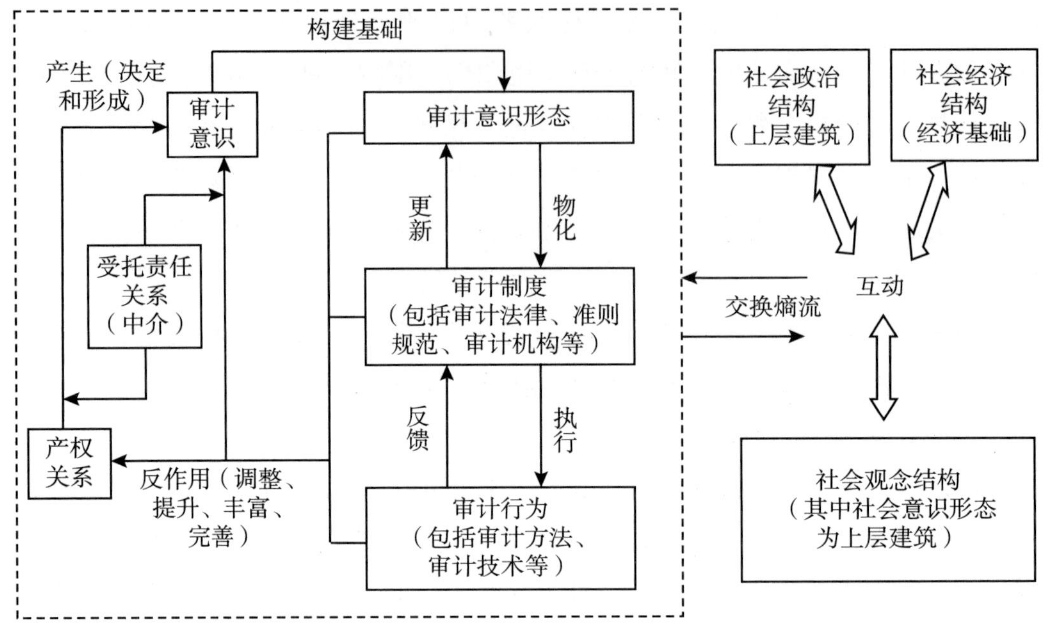

图 3-1　审计（系统）示意图

注：

（1）审计系统是一个以社会系统为外部生存环境的耗散结构系统，是一个复杂系统。从综合视角观察，它是一个整体，名称为“审计”；从政治、经济学视角观察，它反映了由产权关系发展而产生的新的生产关系（产权关系）——审计关系。

（2）审计关系也是产权关系之一，产权关系是社会经济关系的重要组成部分。随着生产力的发展进步，特别是人类进入信息社会、知识经济时代以后生产力的高速发展及其相伴而生的环境问题，导致了审计关系的变化，决定了审计意识的丰富——“环境”观念的增加。最终导致整个审计系统各因素均发生相应变化而形成了新的审计系统（新的、内容更丰富的审计关系）。

（3）依图所示，把审计称为审计关系、审计意识、审计意识形态、审计制度、审计行为等，实际上都有其正确性和积极意义，这就是立体的审计和审计本质。

（4）图中，“产权关系”的“产权”是需要特别注意的一个概念，各类理论经常混淆大陆法系与英美法系中完全不同的产权内涵和外延。形成这种情况的根本原因，是我国法律体系在法思想上接受了这两大法系的内容，却又独创性地自成一体，但至今没有完善，更谈不上系统化。

（5）根据现代系统科学，系统中的每一个点都是结构复杂的“结构点”，内外部界限往往不是那么分明。需要寻找一个反映二维以上参量关系结构的系统模型，体现复杂系统参量之间的确定性交互及协同作用。因此，上述审计系统内外部构成要素的说明都是近似、粗糙的，也是不可能准确的，只是为了方便研究而提供的轮廓性概述。

力，通过一次次的跃迁，在从无序到有序、又从有序到无序的反复过程中，螺旋式上升，朝着更高级的状态不断演进。再次，系统内部各要素之间是非线形的相互作用。产权关系、受托责任关系、审计意识、审计意识形态、审计制度、审计行为要素之间，不是简单的推导关系。自身都是在不断变化，彼此之间还存在复杂的交叉互动，甚至各环节中还掺杂外部因素的影响。有了差异性和多样性才可能通过交流和互动，碰撞出新思想的火花，产生 1 + 1 > 2 的整体涌现效应。最后，通过突变和涨落实现跃迁。审计系统一方面从实践中丰富内容，另一方面从环境的交叉结合中催生新思想的萌芽，这些新思想和认识正是通过反馈循环产生巨涨落，以实现从有序到无序、又从无序向新的有序转化、演进，不断形成新的思想体系、新的结构和新的方法等。

第二节　水环境审计的概念理解

一、可持续发展战略下的受托环保责任

随着经济的发展，全球范围的环境污染和破坏日益严重，环境问题引起了世界各国的重视。1987 年布伦特兰夫人在世界环境与发展委员会的《我们共同的未来》中正式提出了可持续发展的概念，并把它定义为“既满足当代人的需要，又对后代人满足其需要的能力不构成危害的发展”，这是可持续发展理论产生的标志。1989 年第 15 届联合国环境署理事会通过的《关于可持续发展的声明》在上述概念的基础上，对可持续发展进行了严格的定义，“是指满足当前需要而又不削弱子孙后代满足其需要之能力的发展，而且绝不包含侵犯国家主权的含义。”

可持续发展理论的提出，摒弃了过去过分强调环保和过分强调经济增长的偏激思想，而主张“既要生存、又要发展”。尽管人们对可持续发展的表述不尽一致，但基本宗旨包括以下三点：一是强调人类经济行为应当与自然发展相协调；二是强调当代人在追求目前的发展和消费时，应当力求使自己的机会与后代人的机会相平等，一个地区与另一个地区之间在环保合作方面力求平等。从

经济学角度分析，可持续发展理论所蕴含的核心内容概括为发展的公平性、持续性、协调性以及生态效率性。

受托责任是一个动态的概念，受托责任中委托方和受托方的关系始终随着社会政治、经济与观念结构的变化而不断变化，其内容也在不断地发展和丰富。受托环保责任，是20世纪80年代，随着社会生产力的发展、人们环境保护意识、环境权利的增强而出现的。可以认为，受托环保责任，就是受托环保责任关系，是受托责任关系的内涵之一，是受托责任关系发展丰富后的产物。它是民主政治进步的结果，是社会经济、政治、观念结构等社会巨系统互动演进的结果在审计系统当中的映射，与国家管理、公民环境权利保护密切相关。

二、水环境审计的本质内容与本质形式

包括水在内的环境审计，就是受托责任的内容因应“环境”观念的出现而丰富的结果。受托责任由最初只关注合规、合法性，到现在既关注合规、合法性又重视环保、经济、效率和效果性，这其中发生了重大改变。审计的本质形式变化以后，包括系统属性、功能结构、制度规范与审计行为在内的其他各要素，也必将随之发生根本性变化。

本质形式是由本质内容决定的，受托责任不可能自发改变。根据前面的思考结论，财产所有权形式、产权关系内涵和外延的变化以及由这些变化所引发的、整体的系列关联变化，应当是研究水环境审计需要关注的核心因素。

综合起来，水环境审计是审计，其本质内容是产权关系，其本质形式是受托环保责任关系。包括水问题在内的环境审计，是社会经济发展以后，受托责任内容因应公权意识、“环境”观念的出现而丰富的结果。追根究底，是由社会生产力的发展及其环境问题带来产权关系的丰富所导致的必然结果。

三、水环境审计的系统特性与动态发展

水环境审计的研究非常复杂。现代系统科学最前沿的复杂适应系统理论认

为，系统科学的深化存在怎样处理“点”的问题。与牛顿意义上的“质点”不同，系统的“点”不再是没有结构的质点，而是有结构的“结构”点。因为系统的任何微小部分都可能有复杂结构，这种复杂结构对于系统运动的影响是不可忽略的，因而，怎样描述有结构的“结构点”，就是深化系统科学的首要问题。另外，系统内外部的界限，并非那么层次分明，系统的外部关系往往就是系统的内部关系：系统间的包含，等同于系统内子系统的“层次”关系；系统间的并列，等同于系统内“部分”之间的关系；系统间的交叉，等同于系统内子系统构成“整体”的关系。因此，上面的各种描述不能自行其是，需要有机统一。此外，还要确定系统因子及不同层次之间的物质联系、能量联系、信息联系及相互作用机制，寻找一个反映二维以上参量关系结构的系统模型，体现复杂系统参量之间的确定性交互及协同作用①。因此，前面对水环境审计系统内外部构成要素的说明都是近似的，也是不可能准确的，只是为了方便研究水环境审计问题而提供的轮廓性概述。

图3－2反映了水环境审计系统与社会经济、政治、观念结构之间交叉互融的复杂关系。本书尝试着按照马克思主义哲学和系统科学的指导，全方位、多角度地审视水环境审计，采用非线性、网状的研究思路和思维逻辑去考察水环境审计的属性、发展规律等，探索我国水环境审计的战略思路。

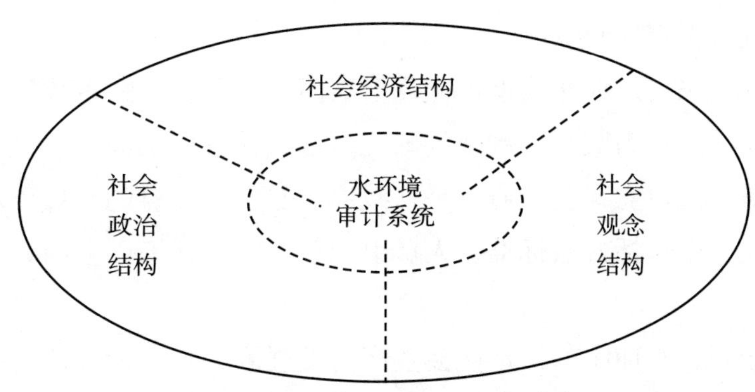

图3－2　水环境审计系统与社会结构之间的基本关系

注：此图轮廓性地描述了准全息视野下水环境审计系统的基本情况；图中每个部分都与其他所有部分相互关联甚至融合；水环境审计正是随着审计系统与社会结构之间的关联互动而产生和发展的。

① 李士勇、田新华：《非线性科学与复杂科学》，哈尔滨工业大学出版社2006年版，第226页。

四、水环境审计的立体认识与准全息观察

前面已经论述，对同一社会事物，由于其具有多样的规定和属性，应当进行多视角、多方法地把握和研究。当多视角、多方法地审视同一事物的某一或某几方面时，必然会产生不同的结论和意见。因此，任何概念和定义都只可能是简单、粗糙、近似、无法穷尽事物真相的，综合起来，才能见识到一个全面的事物。水环境审计同样如此。

从具体内容上看，水环境审计涉及财务审计、合规审计、绩效审计三方面内容。水环境财务审计，旨在确定政府财务报表是否反映了水环境成本和债务。水环境合规审计，旨在评价被审计单位是否遵守开支授权和水环境方面的法律、条约和政策。水环境绩效审计，旨在确定政府是否实现水环境目标、得到水环境保护有效结果，以及是否经济高效地开展水环境管理活动。

从工作过程来看，水环境审计是指审计人员依据一定标准，例如特殊需求、测量指标或要求的实务，对充分、适当的证据进行评估，以提供保证或结论的业务。水环境审计能够提供客观评价，帮助管理者或监管部门获取信息，以改善项目绩效和运作、降低成本、为负责采取纠正措施的有关方制定决策，最终旨在促进受托环保责任的履行。

从系统属性来看，水环境审计在政治层面上，是国家民主政治发展的产物与推进剂，是公共权力监督和制衡的政治武器；在管理层面上，是公共行政的重要管理工具，是建立绿色政府、责任政府、服务型政府的有效手段；在技术层面上，又是一个包括方法标准、人员组织、制度设计等许多因素在内的操作系统。

从根本上说，水环境审计是社会生产力发展到一定阶段，社会经济关系和产权关系极大丰富后，人们对受托责任的要求发生了改变，不仅取之于民、用之于民，更要关注用之于民的环境绩效，进而出现的一种审计系统新的自组织发展趋势和进化方向。

第三节 水环境审计的工作特点

一、水环境的特点

水环境的特点决定了水环境审计的独特性，所以，对水环境特点的认识是了解水环境审计工作特点的前提。

1. 流动性

水具有很强的流动性，这是水环境的最普遍特性。该特点为人类的开发利用提供了便利，也为水环境管理增加了困难。例如，对它的开发利用必须采用工程技术手段进行拦蓄和控制。

2. 循环性

水资源与其他矿产资源的不同之处在于，它可以在循环过程中不断恢复和更新。水循环过程是无限的，同时，受太阳辐射等条件的影响，每年更新的水量又是无限的，而且自然界中各种水体的循环周期不同。因此，在定量估计水资源时，需要考虑到水资源的恢复量会因为统计时段的不同而有所不同，这反映出水环境的动态资源特性。

3. 关联性

水以其存在形态与系统内部各要素之间发生着有机联系，共同构成生态系统的形态结构。同时，由于水资源是母体资源，其对自然、人类社会的影响，比其他可替代资源更为重要和珍贵，水环境状况的重大改变（如形态、数量、质量等变化），将引起自然和人类行为的相应变化，具有极强的关联性。

4. 双重性

水具有经济物品和公共物品的双重属性，以及生活资料和生产资料的双重属性。一方面，水是最重要的生活资料，是生存环境的重要组成部分，包括人类生存发展所必需的水，以及维持生态系统所必需的水（具有非排他性的公共物品特征）；另一方面，水又是生产资料，在利用过程中能够创造价值，如用于工业、农业的用水，因而具有竞争性、排他性、收益关联性等私有物品特性。由此可知，水既具有一些公共商品的特点（如水源地、环境水等），又具有私人商品的特性（如生产用水），即具有“混合商品”的特征。

5. 广泛性

水环境的影响多种多样，可能产生积极的社会、经济和生态环境效益，同时也可能产生一定的负面影响。这些影响，有些是短期的，有些则是长期、不可逆的。例如水利工程的修建对生态系统的影响十分复杂。有的物种可以通过自身固有的自适应机制进行调整，以保持种群的生存繁衍，有的物种则可能因为无法适应而逐渐消失。

二、水环境审计的特点

水环境的这些特性决定了保证水环境可持续发展的重要性和难度，也决定了水环境审计的社会需求与其他审计对象相比明显不同。除具备常规报表审计的一般特点外，水环境审计至少具有以下特点。

1. 协作性

一方面，由于水的流动性、循环性，水环境内可能存在多个行政区域；另一方面，水环境审计通常涉及发改委、环保、民政、财政、水利、水务等多个单位和部门。所以审计人员通常需要联合水环境流域内各行政区域的相关单位和部门开展合作审计。否则，水环境审计难以有效进行。此外，水的混合商品特性，决定了水环境审计既涉及公共领域，也涉及私有领域，需要政府审计、社会审计、内部审计的联动配合。

2. 延伸性

水环境的关联性决定了其内容的复杂性。在进行水环境审计的时候，需要关注水环境对其内部其他物质的影响，要考虑到整个水生态系统。应在必要时，将审计范围适当延伸到水环境周围的其他环境因素。

3. 绩效性

由水环境的影响广泛性特点可知，对水环境的保护和管理工作进行绩效评价非常有必要。因此，虽然审计工作包括财务审计、合规审计以及绩效审计三种类型，但在水环境审计中，对水环境影响的绩效评估和评价，应当居于首要地位。在水环境审计的绩效评价中，既要关注社会、经济方面的影响，也要关注对国家生态安全的影响，既要考虑短期影响，还要识别长期全局性影响。

4. 多样性

由于审计对象的广泛性和复杂性，水环境审计也就具备了多样性的特点。传统的审计对象是被审计单位的财务报表，相对而言比较单一稳定，即使有时涉及一些管理活动，也主要是为获取与财务信息真实性相关的佐证证据。水环境审计则不同，它的直接审计对象就是被审计单位与水环境相关的制度、项目、信息、资金使用等，而这些活动无论从性质还是内容方面都是千差万别的。因此，为了胜任水环境审计工作，审计人员的知识和能力结构也必须具有多样性，不仅需要精通会计审计知识，还要掌握管理学、经济学、工程学、计算机科学等领域的知识和技能。

5. 灵活性

审计对象的多样性，决定了水环境审计内容和方法的灵活性。从内容上看，它可以是对被审计单位管理制度的全面审查，也可以是对某生产环节和方面的审查；从方法上看，可以采用比较分析法、价值工程法、价值评估法、投入产出法等多种技术手段。水环境审计人员在项目选取、日程安排、方法选择、报告写作等方面都需要具备较大的灵活性，较强的职业判断能力，因而显得尤为突出。灵活性还表现为水环境审计结果及其风险的不确定性。财政财务收支的真实合法性审计，其内容、依据和评判标准，一般是唯一的，因而结论具有唯一性。但是水环境审计的内容千差万别，方法多种多样，审计人员的专业水平和观察角度不同，选择的判断标准也有所不同，加上水环境审计的实施仅限于一定范围和期间，而水环境活动的影响却是动态、长期的，因而水环境审计的结论具有更多不确定性，审计风险相对更高。

第四节　水环境审计的监督客体

前已述及，由于环境问题日益重要，受托责任的内容不断丰富，出现了受托环保责任。受托环保责任具体包括受托人按照特定的要求经管受托环境资源而产生的恰当行为责任以及真实报告责任，如图3－3所示。

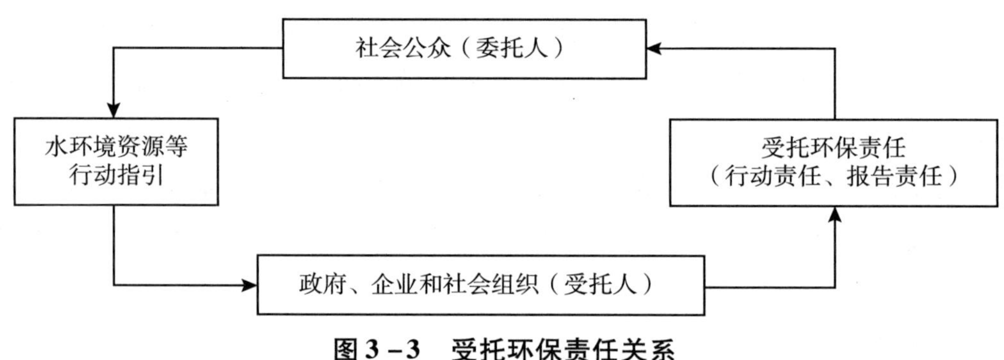

图3－3　受托环保责任关系

在有关水环境的受托环保责任中，社会公众作为水环境资源的最终所有者，是各种受托环保责任的终极委托人；而直接或间接接受社会公众委托运用水环境资源或者进行水环境管理的政府、企业、社会组织（包括非营利组织、社团和家庭等），则是受托环保责任的受托人。他们担负着为保护社会公众的环境权利而恰当运用水环境资源、有效进行水环境管理并且披露真实水环境信息的义务。

因此，在现代社会中，水环境审计的监督客体包括三大类，分别是政府、企业和社会组织（包括非营利组织、社团和家庭等）。出于强制性规范的需要，目前水环境审计的监督客体主要是前两大类①。

---

① 在实施水环境审计监督时，鉴于现阶段政府、企业受托环保责任的履行，可能较大程度受到领导干部的行为影响，因此衍生出领导干部自然资源资产离任（任中）审计，包含于水环境审计监督的范畴。

一、政府

首先，政府的公共管理行为需要消耗水等环境资源。其次，由于水环境资源具有稀缺性、公共物品性、产权不明晰等特点，极易出现搭便车的行为，导致“公地悲剧”的现象。解决水环境问题，必须实施政府干预，采用行政命令型的强制手段。而政府权力在行使过程中极易出现滥用、低效等情形，需要接受约束和监督。基于以上这两点，政府应当成为水环境审计的监督客体。

目前世界各国已经普遍将环保责任确立为政府应当承担的受托责任之一。我国政府的环保责任体现在《环境保护法》第十六条的规定中：“地方各级人民政府，应当对本辖区的环境质量负责，采取措施改善环境质量”。中央政府在国家层面承担保证环境保护和资源供给等责任，建立全国范围内的环境管理体系。地区政府（省、县、市）承担履行中央政策的职责，在执行层面进行管理。水环境审计的目标之一，就是通过监督促使政府恰当履行其水环境保护等方面的受托责任。

二、企业

现代经济环境下，整个世界在相当程度上就是一种“公司的世界”。在实现人类社会可持续发展战略的过程中，企业居于特殊的地位并扮演着重要的角色，它是整个社会经济体系的基本细胞，其在创造社会财富并促进经济增长的同时，往往也直接和间接地消耗乃至浪费资源并对环境造成损害。因此，它必须承担作为企业公民应有的社会责任，应在追求经济效益的过程中主动履行自己的社会责任并为社会发展做出贡献。

1999 年 1 月，在瑞士达沃斯世界经济论坛上，时任联合国秘书长的安南提出了“全球契约”计划，旨在推动企业履行社会责任的公民意识，从而使企业界参与应对全球化的各项挑战，这即初步实现了在企业社会责任层面上宏观与微观的有机结合。正缘于此，社会责任国际组织在 2001 年发表的 SA8000 标准

（修订版）中，将企业社会责任分解为内部责任与外部责任两个层面，明确指出前者包括人员管理、健康安全的生产环境与场所、适应变化的能力、强化生产经营活动对环境影响的管理等因素，后者则包括对所在社区、商业伙伴、供应商和消费者、人权及对全球资源保护的关心，以及对人类社会可持续发展所做出的贡献等。

企业应该如何向社会公众履行其受托环保责任？一方面，需要按照法律规定或者自愿地对外披露水环境保护等方面的信息，接受政府环保监管部门以及社会公众包括媒体、社区、国际环保组织等的监督。另一方面，需要将水环境保护的外在压力转化为内部自组织跃迁的动力，实现“绿色利润”和可持续发展。在此过程中，会计师事务所等社会审计组织需要针对企业对外披露的有关水环境的信息进行鉴证，内部审计部门需要针对企业内部的各项环境管理活动（包括有关水环境保护的内部控制）进行评价。

第五节　水环境审计的实施主体

受托环保责任是受托责任在新的历史时期的动态发展，也是水环境审计产生的基础。图 3－4 列示了由于受托环保责任的存在而产生的水环境审计。

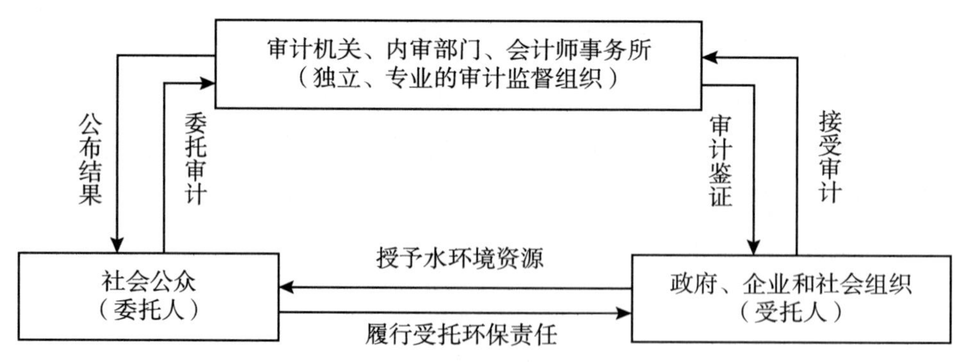

图 3－4　受托环保责任与水环境审计

为了确保客观、专业、全方位地监督受托环保责任的履行情况，受托环保责任的监督主体包括三大类，分别是政府审计机关、内部审计部门以及会计师事务所等社会审计组织。

一、政府审计机关

鉴于包括水资源在内的环境问题的复杂性和环境资源的公共性，单纯依靠企业组织的个体行为，很难从根本上全面解决环境问题。而全球范围内接连不断的环境灾难，促使各国政府开始采取必要措施治理环境污染及损害。包括水资源在内的环境审计，已经成为政府确保国家利益以及公民环境权利实现的重要手段，很快在政府审计中占据了重要地位，并进一步成为政府制定和执行环境保护政策的最有效的工具。1992 年，最高审计机关国际组织成立了环境审计委员会，鼓励各国最高审计机关“关注环境问题”，包括水在内的环境审计由此开始迅速发展。欧盟在 1993 年 7 月，对其成员国提出建立环境审计制度的要求。最高审计机关国际组织第 15 届大会将环境审计作为重要议题，并在《开罗宣言》中明确指出：“鉴于有关保护和改善环境问题的重要性，国际审计组织鼓励各最高审计机关在行使其审计职责时，对环境问题进行考虑”，这大大推动了包括水在内的环境审计的发展。1998 年在乌拉圭举行的最高审计机关国际组织第 16 届大会，进一步提出应按照地域范围设置区域性的环境审计工作委员会，例如亚洲审计组织的环境审计工作组。2001 年，环境审计委员会向各成员国印发了《从环境视角进行审计活动的指南》，为各国最高审计机关开展环境审计提供了有力指导，促进了各国政府环境审计的发展。

在水环境审计系统中，政府审计机关的主要职责，是监督政府部门水环境管理活动和资金使用的真实性、合规性和绩效性，并且对披露的水环境信息进行鉴证，旨在提升政府水环境保护方面的公共管理能力。

二、内部审计部门

企业内部审计部门参与水环境审计可追溯到 20 世纪 70 年代。在当时的西方发达国家，由于企业的生产经营活动对资源的破坏以及对生态环境的污染引发了一系列重大环境事件，因此，人们的环保意识迅速提高，环境保护立法进展迅速，环境执法日益严格，社会管理机构对企业环境影响活动的控制要求不断提高，各种环境标准（如污染物、废弃物排放标准等）被广泛推行，同时对超标排放和违反环境法规行为的处罚越来越严重。一些企业由于风险管理的需要，在内部自发制定了包括水资源在内的环境审计计划，定期检查和评价企业的环保漏洞，以识别和应对可能的环境风险，从而确保管理决策不会因环境问题而受到政府和所在社区的干预。

在水环境审计系统中，内部审计部门的主要职责，是监督企业内部与水环境保护相关的管理系统的有效性，旨在确保企业有关水环境保护的内部控制目标的实现，从而确保企业长期的可持续发展。

三、会计师事务所

就中介机构而言，注册会计师在公共审计领域的业务已经日臻成熟，但在环境审计方面还处于起步阶段。目前国外已经提出了注册会计师开展环境审计的设想和要求，并在一定范围内尝试环境审计业务。例如1979年美国环境审计保护署发布的公告草稿中要求由独立的注册会计师来访问工厂、收集样本、进行分析，并向政府当局报告结果，执行类似于其他鉴证业务的职能。但从实际情况来看，社会中介机构主要是针对企业等组织编制的环境报告进行认证和评价，评价范围不限于环境财务信息，而且，承担环境报告审核业务的机构多为专业性的环境管理、研究与评价机构，而非会计师事务所。但是，加拿大特许会计师协会认为，虽然在目前环境审计服务中的绝大多数都是由化学工程师和其他技术性专家提供，会计职业界对环境领域服务的参与程度还很低，但只要获取了必需的专业技能，会计师还是能在一定程度上提供这种服务，发挥会计界的独立鉴证作用。

在水环境审计系统中，会计师事务所的主要职责，是评价企业对外发布的与水环境相关的报告信息的可靠性，旨在促使企业正确履行其对社会公众的环保责任。

不同的国家国情不同，在水环境审计中占据主导地位的实施主体各不相同。例如，加拿大是世界上较早开展环境审计的国家之一，也是水环境审计开展得比较好的国家之一，水环境审计形成了政府审计机关、内部审计部门和社会审计组织相互配合、各有侧重的“三位一体”模式；澳大利亚水环境审计主体由联邦审计署、内部审计部门和社会审计组织构成，占主导地位的是联邦审计署；日本水环境审计主体由日本会计检查院、内部审计部门和社会审计组织构成，占主导地位的是社会审计组织。这主要是因为日本的环境保护法律法规体系比较完善，社会公众的环保意识比较强，这些外部因素导致日本有关水环境的会计信息披露和环境报告书的普及，从而促使会计师事务所等社会审计组织能够广泛开展针对相关信息和报告的真实性以及完整性的审计。

目前，我国水环境审计是典型的政府主导型，内部审计部门和社会审计组织的参与程度较低，政府审计机关一直在水环境审计中发挥着主导作用。本书重点关注由政府审计机关实施的水环境审计。

第六节　水环境审计的对象范围

受托环保责任的对象范围，即受托人需要履行的环保责任的内容。具体来说，水环境审计的对象范围可分为制度管理、资金使用、项目建设以及信息披露。鉴于海洋环境保护问题的特殊性，本书将其单独作为一类，如图 3－5 所示①。

① 2017 年开始正式试点推行的针对领导干部的自然资源资产离任（任中）审计，对象范围亦涵盖图 3－5 的内容，包括相关国家政策的执行、重大决策制定、合规性、约束性目标的实现、制度管理、资金与项目，以及信息披露等内容。

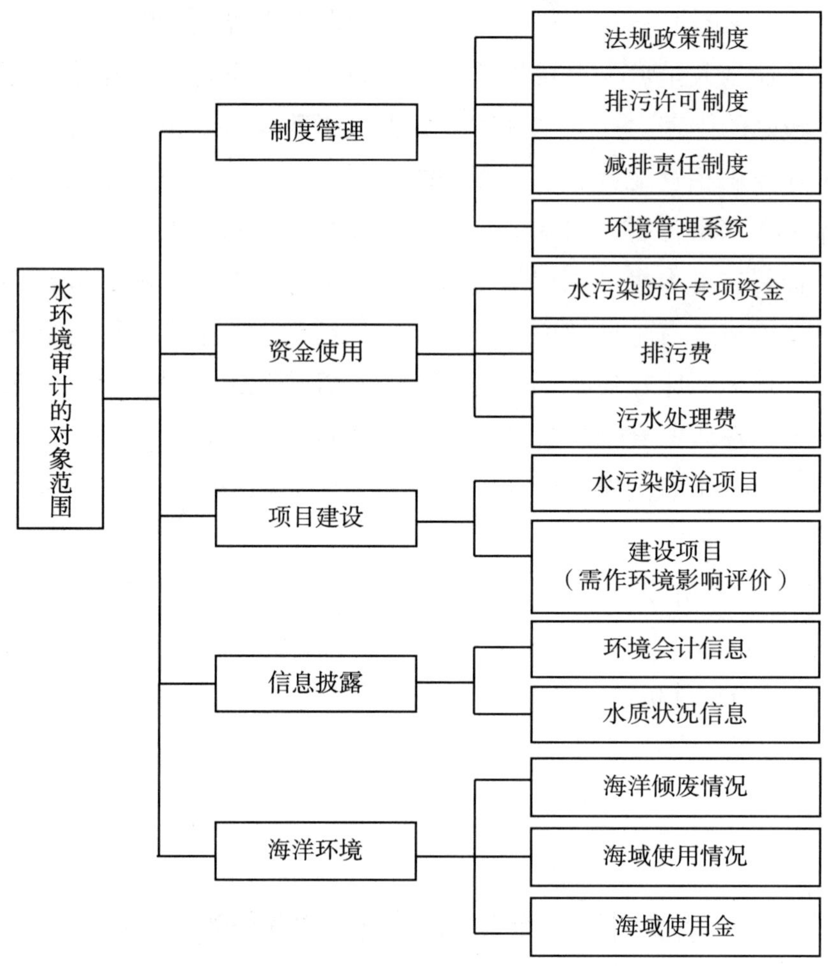

图 3－5　水环境审计的对象范围

一、制度管理

1. 法规政策制度

立法是政府对水环境、水质和水的使用建立标准、进行管理的基本工具。相关立法可能涉及所有权、水的供应和使用、污染控制、灌溉、娱乐、渔业和航行等内容。我国有关水环境的立法包括《中华人民共和国环境保护法》《中华人民共和国水土保持法》《中华人民共和国水法》《中华人民共和国水污染防治法》《中华人民共和国防洪法》等。审计人员可以将现状和法规确定的目标状态进行对比。

中央政府通常需要规划总体水环境政策，包括水环境保护的总体目标、具体目标和战略。水环境政策为行动勾画了总体方向和进程，有助于向需要执行政策的公众和参与者发出清晰的信号。例如“谁污染、谁付费”就是水环境政策的原则之一。我国水环境政策的内容非常丰富。战略类政策包括《重点流域水污染防治“十二五”规划》等；规定类政策包括《防治船舶污染海洋环境管理条例》《中华人民共和国防治海岸工程建设项目污染损害海洋环境管理条例》《污水处理设施环境保护监督管理办法》等；措施类政策包括《排污费征收工作稽查办法》《淮河和太湖流域排放重点水污染物许可证管理办法（试行）》等。审查这些环境政策的遵循情况也是水环境审计的对象之一。

值得注意的是，审计人员可能还需要审查国际水环境协议和条约的遵守情况。目前中国加入的国际水环境的协议和条约主要有两个，即1992年中国加入的《关于特别是作为水禽栖息地的国际重要湿地公约》[①]、2006年中国加入的《联合国海洋法公约》。前者的宗旨是承认人类与环境的相互依存关系，应通过协调一致的国际行动，确保全球的湿地及其生物多样性得到良好保护和合理利用，后者是针对海洋环境保护与安全的相关规定。

2. 排污许可制度

排污许可是指凡需要向环境排放各种污染物的单位或个人，都必须在事先向环境保护主管部门办理排污申报登记手续的基础上，经过环境保护主管部门批准，获得《排放污染物许可证》（以下简称“排污许可证”）后方能从事排污行为的一系列环境过程的总称。目前，纳入排污许可制度管理的水环境污染物主要有化学需氧量、氨氮、氰化物、砷、汞、铅、镉、六价铬等。

2008年修订实施的《水污染防治法》规定国家实行排污许可证制度。该制度明确了四项基本内容：一是排污许可适用对象共分四类，包括向水体排放工业废水的企业单位、向水体排放医疗污水的医疗卫生机构、城镇污水集中处理设施的营运单位、其他按照规定应当取得排污许可证的企业事业单位；二是提出了两项基本要求，包括禁止无证排污、禁止违证排污；三是确定授权立法单位，即授权国务院制定排污许可的具体办法和实施步骤；四是重申排污口设置要求，即应按照法律法规和国务院环境保护主管部门的规定设置排污口。

---

① 湿地这一概念在狭义上一般被认为是陆地与水域之间的过渡地带；广义上则被定义为地球上除海洋（水深6米以上）外的所有大面积水体。《国际湿地公约》对湿地的定义是广义定义。

排污许可审计是审计人员对直接和间接向水体排污的企业、部门和单位执行排污许可证制度情况的审计，是当前污染物总量减排审计的重要组成部分。

3. 减排责任制度

污染物减排是指通过各种有效措施，减少人类在生产、生活中产生的各种水污染物排放总量的活动。我国将水污染物——COD（化学需氧量）作为约束性指标，纳入了国民经济发展规划，并且先后出台了《节能减排综合性工作方案》等管理办法，建立了总量减排管理制度。根据“十一五”规划，到2010年，我国COD排放总量由1 414万吨减少到1 273万吨。贯彻和落实总量减排制度，是降低水污染物排放的重要途径。

我国实行节能减排责任制度。2011年，经国务院授权，国家环保总局与全国31个省级政府签订了“十二五”二氧化硫总量减排目标责任书，以此为标志，COD目标责任书也陆续签订。各省（市、区）人民政府根据目标责任书的要求，又将总量减排目标进行分解，与下级政府和相关企业签订了总量减排目标责任书。同时，国家每年对其进行考核检查并公布结果，各省（市、区）也参照国家做法对其辖区内的市（州、地区）以及企业进行考核检查并公布考核结果。

我国目前减排的主要措施有三种，分别是“工程减排”“结构减排”和“管理减排”。“工程减排”是指通过加快污水处理厂和脱硫设施等工程项目的建设，减少污染物的排放；“结构减排”是指通过调整产业结构，如淘汰落后产能、关停高污染企业等方式减少污染物的排放；“管理减排”是指行政主管部门通过加强对高污染企业的监管等措施，使其达标排放，从而减少污染物的排放量。

污染物减排责任制度执行情况审计是指对地方各级政府及其相关部门以及企业落实总量减排制度、履行环境监管责任、促进降低水污染物排放情况的真实性、合规性与效益性进行的审查和评价。污染物减排责任制度执行情况审计对于促进国家总量减排制度的落实与完善、保护和改善水环境质量具有十分重要的意义。

4. 环境管理系统

各级政府和企业需要建立环境保护管理系统以确保其环境职责的履行。以企业为例，2010年由财政部、证监会、审计署、银监会、保监会联合发布的

《企业内部控制应用指引第 4 号——社会责任》提出，企业应当建立环境保护和资源节约的监控制度，定期开展监督检查，发现问题，及时采取措施予以纠正。发生紧急、重大环境污染事件时，应当启动应急机制，及时报告和处理，并依法追究相关责任人的责任。在水环境保护管理系统审计的过程中，审计人员需要审查系统内部控制的有效性、有无重大控制缺陷，并在必要时提出相应的改进完善建议。

二、资金使用

1. 水污染防治专项资金

水污染防治资金是指各级政府和相关单位（企业）为开展水污染防治工作而筹集、分配和使用的各项资金。水污染防治专项资金是推进水污染防治工作，建设水污染防治项目和维护水环保设施正常运行的重要保障。

按照来源划分，水污染防治专项资金分为政府投入和单位（企业）自筹两个方面。其中政府投入的水污染防治资金包括中央财政和地方财政投入资金，单位（企业）自筹资金包括自有资金和其他资金。仅从中央财政投入情况看，与水污染防治相关的资金包括重点流域防治补助资金、城市污水管网建设“以奖代补”资金、环境监管能力建设资金、城镇污水处理补助资金、环境保护和资源综合利用（国债）资金、农村环境保护专项资金等。

针对水污染防治资金的筹集情况，审计人员需要检查各地水污染防治专项资金筹集渠道、科目设置、征收标准是否合理，能否满足水污染防治工作的需要；检查重点流域治理等重大水污染防治工作资金筹集模式是否合理，能否满足项目建设与运营的需要。针对水污染防治资金的分配情况，审计人员需要检查各级政府及其财政部门分配水污染防治专项资金的科学性、合规性。针对水污染防治资金的使用情况，审计人员需要检查财政等部门拨付水污染防治专项资金的情况，相关部门和企业申请水污染防治专项资金的情况，以及相关部门和企业使用水污染防治专项资金的情况。

2. 排污费

排污费是指直接向环境排放污染物（废水、废气、固体废弃物及危险废物、噪声超标等）的单位和个体工商户按规定应当缴纳的费用。

我国自向环境排放污染物的单位和个体工商户征收排污费以来，排污费的征收规模逐年增加。例如，截至2015年，我国排污费年收入约178亿元，征收企业约27万个，覆盖全国73%的工业企业。随着排污费征收规模的扩大，排污费已成为污染防治项目的重要资金来源，对于加强水污染防治工作起到重要作用。

排污者应缴纳的排污费由各级环境保护行政主管部门核定，按月或者按季属地化收缴。环境保护行政主管部门向排污者出具的“排污费缴费通知单”，是排污者缴纳排污费的依据。排污者据此到财政部门指定的商业银行缴纳排污费，商业银行应当在收到排污费的当日将排污费资金缴入国库，其中：10%作为中央预算收入缴入中央国库，纳入中央环境保护专项资金管理；90%作为地方预算收入，缴入地方国库，作为地方环境保护专项资金管理。

排污费环境保护专项资金应当用于下列污染防治项目的拨款补助和贷款贴息：（1）重点污染防治项目。包括技术和工艺符合环境保护及其他清洁生产要求的重点行业、重点污染源防治项目；（2）区域性污染防治项目。主要用于跨流域、跨地区的污染防治及清洁生产项目；（3）污染防治新技术、新工艺的推广应用项目。主要用于污染防治新技术、新工艺的研究开发以及资源综合利用率高、污染物生产量少的清洁生产技术、工艺的推广应用；（4）国务院规定的其他污染防治项目。环境保护专项资金不得用于环境卫生、绿化、新建企业的污染治理项目以及与污染防治无关的其他项目。

排污费的审计主要涉及排污费的征收、管理、使用三个方面，审计对象涉及环保、财政以及使用资金的企事业单位。

3. 污水处理费

我国实行污水处理收费制度，主要目的是为了维护城镇污水集中处理设施的正常运行。污水处理费一般由供水企业根据政府或有关部门的委托征收，但不直接形成污水处理厂的收入，而是先上缴财政部门，再由财政部门按照实际处理污水的数量和质量拨付给处理污水的运营单位。

对城镇居民而言，如果不从事生产经营活动，只是排放生活废水，则仅需缴纳污水处理费，不缴纳排污费。

对企事业单位而言，污水处理费与排污费一般不同时缴纳。企事业单位排放的废水如果进入城镇污水处理设施，按照规定需要缴纳污水处理费，如果不进入城镇污水处理设施而是直接排入河流等地就不需要缴纳污水处理费，但要缴纳排污费、超标排污费。如果排入城镇污水处理设施的废水达不到国家或地方规定的行业排放标准，除应交纳污水处理费外，还要缴纳超标排污费。污水处理费的具体征收办法主要由有权限的地方政府批准实施，各地区的具体规定不完全相同。

污水处理费审计涉及征收、管理和使用三个环节，审计对象主要包括污水处理费征收单位、财政部门和污水处理厂。审计的主要目的是促进污水处理费的及时足额征收和有效使用，保障污水处理厂的正常运行。

三、项目建设

1. 水污染防治项目

水资源的收集、储存、处理、调配以及管理洪涝干旱等自然活动过程通常需要建设基础设施。政府可能对公益基础设施建设进行补助或者全部出资建设。例如堤坝建设，旨在解决城市供水、农业、电力、洪涝控制和航行的问题。还有基本的城市基础设施，包括排水系统、污水处理厂、卫生系统和防洪设施等。

以污水处理厂为例。污水处理厂建设审计就是对审计范围内污水处理厂建设项目（含配套管网建设项目）及其经济活动的真实性、合法性、效益性进行的审计监督。通过对污水处理厂（含配套管网建设项目）的建设管理、资金使用、环境保护、征地拆迁、工程质量等情况的审计，既可以揭示污水处理厂在项目前期准备、施工建设和资金使用过程中存在的问题，又可以反映污水处理厂建设方面的问题，分析产生问题的原因，还可以从体制、机制和管理方面提出加强和改进污水处理厂建设的意见和建议，促进有关部门完善政策，加强管理，提高投资效益。

2. 建设项目（需做环境影响评价）

《中华人民共和国环境影响评价法》规定，在中华人民共和国领域和中华人民共和国管辖的其他海域内建设对环境有影响的项目，都应当依法进行环境影响评价。所谓环境影响评价，是指依据《中华人民共和国环境影响评价法》的规定，对规划和建设项目实施后可能造成的环境影响进行分析、预测和评估，提出预防或者减轻不良环境影响的对策和措施，进行跟踪监测的方法和制度。所谓“三同时”制度，是指依据《中华人民共和国环境保护法》的规定，建设项目中防治水污染的设施，必须经原审批环境影响报告书的环境保护行政主管部门验收合格后，该建设项目方可投入生产或使用。

环境影响评价及“三同时”制度执行情况审计主要涉及对环保部门审批环境影响评价，组织建设项目竣工环保验收，立项审批机关审批建设项目，以及对建设单位执行环境影响评价制度的合规性和有效性进行审查和评价。

四、信息披露

1. 环境会计信息

提高公众对水环境压力、污染预防、健康和水环境可持续利用等问题的认知，是很多国家水环境管理的重要战略之一，旨在激励符合水环境可持续使用原则的行为。公众获取水环境信息的程度以及卫生健康状况等信息也可以成为水环境审计的对象之一。在审计过程中，审计人员可以评价政府或者企业对外披露的、有关水环境的会计信息的充分性、可靠性，以提高社会公众水资源认知战略的有效性。

2. 水质状况信息

水质是水体质量的简称，它标志着水体里的物理（如色度、浊度、臭味等）、化学（无机物和有机物的含量）和生物（细菌、微生物、浮游生物、底栖生物）的特性及其组成的状况。水质是评价水环境质量的重要指标之一，也是在一定程度上反映出水环境保护工作成效的重要依据。

水质标准是由国家或地方制订，并以文件形式颁布的关于用水水源或排放污水水质成分容许含量的统一规定。包括条文规定和物理性质、化学特性等水质参数容许值两部分。水质标准是进行水环境质量评价和管理的重要依据。

对水质状况进行审计，主要审计水质现状和变化趋势。通过对水质状况的审计，掌握流域水质情况，摸清重点断面水质，为确定流域水污染防治审计的重点地区和主要产业（企业），评价流域（区域）水污染防治成效提供依据。

五、海洋环境

有关海洋环境保护的审计实践，可以分为海洋倾废情况审计、海域使用情况审计以及海域使用金审计三种。

1. 海洋倾废情况审计

海洋倾废是指利用船舶、航空器、平台及其他载运工具，向海洋处置废弃物和其他物质；向海洋弃置船舶、航空器、平台和其他海上人工构造物，以及向海洋处置由于海底矿物资源的勘探开发及与勘探开发相关的海上加工所产生的废弃物和其他物质。倾泻的废弃物包括疏浚工程的泥沙、工业废物、污水软泥、旧建筑物破坏碎屑、炸药和放射性废物等。海洋倾泻在减轻陆地环境污染的同时，直接导致了对海洋的污染。随着我国海洋经济的快速发展，港口、码头、海洋石油勘探开发等海洋工程纷纷上马或扩容，在建设和运营过程中需要实施海洋倾倒的废弃物数量日益增多，给海洋环境保护带来巨大的压力。因此，在海洋环境审计中应重点关注海洋倾废情况。

海洋倾废情况审计涉及对审批环节、实施环节以及监管环节的监督检查。

针对海洋倾废的审批环节，需要评价两个方面。第一，海洋倾倒区与海洋功能区划的符合性。由于各类用海需求的不断增长，海洋功能区划中划定的海洋倾废区域已经很难满足海洋工程的需要，因此应重点调查新选划的海洋倾倒区与海洋功能区划是否符合，关注选划的海洋倾倒区违反海洋功能区划的问题。同时，应关注此矛盾对海洋倾废工作造成的困难和影响，研究区域海洋功能区划、海洋倾倒区选划的科学性及合理性，研究政策体制上存在的弊端和问题。第二，行政审批部门执行法规的合法合规性。依据各级海洋部门的审批权限，反映部门越权审批，违规审批等问题，揭露违法违规审批对海洋环境造成的影响和后果；调查已审批在用的海洋倾倒区的现状以及使用年限是否符合相关规定。

针对海洋倾废的实施环节，需要评价倾倒单位实施海洋倾废的合规性。在海洋倾废行为中出现的违规情况通常包括：不在指定区域倾倒、没有倾废许可证非法倾倒、欠缴海洋倾倒费、超量倾倒等。审计应重点关注上述违规行为并调查反映违规倾倒对海洋环境造成的影响和污染状况。分析深层次的原因，除了倾倒单位因自身利益违规倾倒废弃物之外，应更关注有无因地方政府保护主义造成违法倾倒污染海洋环境的现象，揭露地方政府重经济轻环保的问题。

针对海洋倾废的监管环节，需要评价海洋倾倒区内环境监测的及时性、全面性以及海洋倾废执法监督的合规性。

2. 海域使用情况审计

海域，是指中华人民共和国内水、领海的水面、水体、海床和底土。海域属于国家所有，国务院代表国家行使海域所有权。任何单位或者个人不得侵占、买卖或者以其他形式非法转让海域。单位和个人使用海域，必须依法取得海域使用权。国务院海洋行政主管部门负责全国海域使用的监督管理。沿海县级以上地方人民政府海洋行政主管部门根据授权，负责本行政区毗邻海域使用的监督管理。

海域使用情况的审计涉及对规划环节、审批环节以及使用环节的监督检查。

针对海域管理的规划环节，审计人员需要重点审查地方政府是否按照要求编制区域建设用海总体规划，规划是否符合海洋功能区划，并与城市总体规划、土地利用总体规划等相衔接。

针对海域管理的审批环节，审计人员需要重点审查海洋部门是否按规定的审批权限和管理范围发放海域使用证，有无违规拆分用海项目、越权审批、违法调整海洋功能区划等问题。

针对海域管理的使用环节，审计人员需要重点审查申请用海的单位是否按申请的用途使用海域和保护海洋环境，是否存在无证用海、先建后批和批准用海后长期闲置等问题。

3. 海域使用金审计

海域使用金是国家作为海域自然资源的所有者出让海域使用权应当获得的收益，是资源型国有资产收入，属于权利金的范畴。任何单位和个人使用海域，必须依法缴纳海域使用金。随着海洋经济的发展，海域使用权日益引起人们的重视，针对海域使用权征收的海域使用金也日益成为沿海地区财政收入的一个重要组成部分。通过征收海域使用金，可以促进科学、合理、集约用海，提高海域资源配置效率，同时为海洋环境保护提供资金来源。海域使用金审计主要从海域使用金的审批、征收、缴库和使用等环节开展审计，重点关注违规审批、减免、缓交海域使用金，挤占、挪用海域使用金等问题。

海域使用金的审计涉及对征收环节、缴库环节以及使用环节的监督检查。

针对海域使用金的征收环节，审计人员需要重点审查征收单位是否及时足额征收海域使用金，有无违反征收标准多收、少收或擅自减免等问题。

针对海域使用金的缴库环节，审计人员需要重点审查财政、海洋部门收取的海域使用金是否按预算级次上缴各级财政，是否严格执行“收支两条线”制度、实行“票据分离”管理，有无隐瞒收入、截留坐支等问题。

针对海域使用金的使用环节，审计人员需要重点审查财政、海洋等部门使用海域使用金是否按规定实行专款专用，财政安排资金是否用于海域整治、保护等；海域治理、保护项目的立项是否合规，执行申请、审批制度是否严格，有无违规操作、虚假立项等问题。

第七节　水环境审计的组织方法

“上审下”和“同级审”是审计实践中常用的审计组织方法，在水环境审计中同样适用。最近几年，一些审计机关尝试开展了合作审计，这种新的审计方式有助于更好地揭示和解决水环境保护中存在的问题。

一、上审下的组织方法

上审下，即上级审计机关直接审计下级审计机关管辖区域内的水环境保护情况，如审计署组织对某省重点流域水污染防治情况进行审计（或审计调查）。

在水环境审计中，经常运用“上审下”中的交叉审组织模式，即在上级审计机关的统一组织领导下，两个或两个以上的审计机关分别审计本机关管辖区域外的水环境保护情况。如某省审计厅组织 A 市审计机关到 B 市审计当地的水环境保护情况，组织 B 市审计机关到 C 市审计水环境保护情况。

二、同级审的组织方法

同级审，即审计机关对同级政府（部门、单位）的水环境保护情况进行审计，如 A 市审计机关对本市的水环境保护情况进行审计。

三、合作审计的组织方法

合作审计[①]是借鉴世界审计组织环境合作审计模式而提出的一种审计组织方法，是指两个或更多的审计机关共同参与的审计。

在我国的水环境审计实践中，该方法主要着眼于促进更好地解决跨界水环境问题和各地普遍关注的水环境问题。由于跨流域的水环境保护是流域水环境保护的重点，同时又是难点，在水环境审计实践中运用合作审计的组织方式，有助于推动跨界水环境问题的解决。我国各级审计机关最近几年积极探索水环境合作审计组织方法，取得了一定成效。

合作审计具体可分为三种类型，包括联合审计、平行审计和协作审计。

所谓联合审计，是指两个或更多的审计机关组成一个审计组实施审计，最终只编制一份联合审计报告，并在所有参与的国家（地区）公布。

所谓平行审计，是指每个审计机关成立一个审计组，大约同时对一个主题开展审计，每个审计组仅向本国（地区）的立法机构或政府报告与本国（地区）有关的审计情况或审计结论。这意味着合作各方可以确定不同的审计目标和范围，采取不同的审计方法和技术手段，以满足本国（地区）的需要。平行审计方式下最重要的一项工作是信息交流。

所谓协作审计，是指介于联合审计和平行审计之间的一种合作审计形式。在协作审计中，合作各方一般应就审计内容与方法等在一定程度上进行沟通协调。协作审计有可能是合作各方编报独立的国家（地区）审计报告，但最常见

① 合作审计最初是指不同国家最高审计机关之间的合作。在本书中，根据我国水环境审计的实践，该概念的范围扩展到不同省（区市）审计机关之间的合作。

的是既编报联合审计报告也编报独立的国家（地区）审计报告。

第八节　水环境审计的评价标准

一、标准的分类以及主要来源

水环境审计的标准是指审计人员在审计过程中用于对水环境审计的对象，包括法规、政策、资金、项目等进行分析评价的依据。审计标准的分类有很多种。按照标准的来源，可以将审计标准分为权威性和非权威性两种。

根据世界审计组织环境审计工作组2001年发布的《从环境视角进行审计活动的指南》，权威性标准是指审计人员可以确定将其作为审计坚实基础的标准。非权威标准是指审计人员无法将其作为审计坚实基础的标准。

在水环境的财务审计中，权威性标准主要是指被审计单位在编制财务报告中所遵循的“公认的会计准则”（或类似术语）。权威性标准来源有立法机构制订的法律条文、其他公认机构制订的准则、公认机构制订的国际准则。非权威性标准可以是审计人员为达到审计目的而认为合适的其他标准，包括职业机构公布的有关指南、学术研究资料等。

在水环境的合规审计中，标准一般是权威性的。审计人员主要运用此类标准判断被审计单位是否依照相关规定从事水环境管理活动。权威性标准的来源主要有：国家或地方政府有关水环境保护的法律以及其他根据法律制订的具有法律效力的法规、规章、规定等；水环境保护的有关国际法，如防治船舶污染国际公约；水污染防治的约束性标准，如技术、程序和质量标准等；水环境活动的合同。

在水环境的绩效审计中，权威性标准相对缺乏，权威性标准的来源相对较少。可能的来源包括：法律规定，政府有关水环境保护工作的政策规定，被审计单位必须遵循的其他规定，由公认机构颁布的相关水环境保护标准等。非权威性标准的来源主要有：同类单位或其他单位在类似活动中采用的绩效指标或措施、外部专家的意见或观点等。

二、选择确定标准的基本原则

对审计人员而言，最大的风险来自使用非权威性的标准。为了减少审计人员在进行水环境审计时所面临的标准运用方面的风险，应当尽量避免使用不可行、不适当或存在偏见的标准。最好的办法是与被审计单位就所运用的标准达成一致意见。审计人员应采用各种合规有效的措施尽可能地搜集相关信息，对标准进行验证。

审计人员在选择确定相关标准时，应注意遵循相关性、理解性、可靠性、完整性等原则。

1. 相关性原则

审计人员要确保标准与评价的对象是相关的，即能够反映被审计单位在水环境保护方面法定责任与义务的履行情况、遵守相关法规的情况以及被审计单位的绩效目标。

2. 理解性原则

审计人员在选择标准时要注意被审计单位和审计报告使用者对指标的理解，事先达成对评价指标的一致认可。所谓可理解性，是指评价标准能够清晰地对被审计单位水环境保护工作的情况进行描述，并且不会在不同的人员之间产生误解。

3. 可靠性原则

审计人员应尽量保证选用的标准能够真实准确地反映相关审计事项。在水环境领域，要注意标准的可衡量性以及信息时点选取的一致性。

4. 完整性原则

水环境保护工作涉及面广，工作内容复杂，审计人员还应该保证评价标准的完整性。对被审计单位的相关活动进行审计评价时，应使用尽可能多的指标，恰当反映该单位水环境保护工作的所有重大事项以及各重大事项的所有重要方面。

5. 统一性原则

制定统一的标准，优点众多。其一，统一的标准，可以普遍推广，适用性广；其二，统一的标准，不允许例外，能够体现公平性；其三，统一的标准，尺度一致，使得水环境审计的结果信息具有可比性。

6. 灵活性原则

弹性原则要求评价标准可以在合理范围内波动。这与统一原则并不矛盾，反而有助于实现统一原则。由于水环境的多样性、区域性，在制定标准时，只能坚持整体统一、局部弹性调整的原则。比如部分地区经济发展落后，为实现协调发展，可以对其水环境实行较低的标准，但这个较低标准是在一个合理范围内。因此，灵活性原则既可满足局部的特殊要求，也能实现整体的统一。

第四章
水环境审计的国际借鉴

本章首先整理 INTOSAI 截至目前发布的环境审计方面的调查结果，包括 1994 年、1997 年、2000 年、2003 年、2006 年、2009 年、2012 年、2015 年、2018 年等九份调查报告，再以 2004 年和 2013 年 INTOSAI 发布的水环境审计调查报告为重点，了解世界上其他国家最高审计机关水环境审计的总体情况和纵向规律。深入分析美国、英国、印度等国家水环境审计的实践发展，总结先进的实务经验。

第一节　全球环境审计的发展概况

最高审计机关国际组织（International Organization of Supreme Audit Institutions，INTOSAI），是由联合国成员的最高审计机关组成的非政府间国际性组织。INTOSAI 创立于 1953 年，旨在互相沟通情况、交流经验、推动和促进各国最高审计机关更好地完成本国的审计工作，目前已有 189 个全职成员。为了推广和促进环境审计在各国的发展，1992 年 INTOSAI 专门成立环境审计工作组（Working Group on Environmental Auditing，WGEA）①。WGEA 成立以后，每隔三四年对 INTOSAI 各成员国进行问卷调查，监控各国最高审计机关环境审计的趋势、存在的问题，据以制订后续工作计划。迄今为止，共进行了九次全球性调查，分别是 1993 年、1996 年、2000 年、2003 年、2006 年、2009 年、2012 年、2015 年和 2018 年，时间跨度达二十五年。本章拟在梳理、对比九份调查结果报告的基础上，分析环境审计的国际动态和发展趋势，以期为认识和推进水环境审计的发展提供有益参考②。

① INTOSAI 有 7 个区域性工作组，分别是：非洲审计组织（AFROSAI），阿拉伯国家审计组织（ARABOSAI），亚洲审计组织（ASOSAI），加勒比海地区审计组织（CAROSAI），欧洲审计组织（EUROSAI），拉丁美洲地区审计组织（OLACEFS），南太平洋地区审计组织（SPASAI）和其他国家（美国和加拿大）。7 个区域性工作组中有 6 个专门成立了本区域内部的环境审计工作组。

② 九次问卷调查在内容、衡量口径等方面有所不同，因此，拟介绍基本保持一致的部分，并且以近年的调查结果报告为重点，分析环境审计在全球范围内的最新发展状况。

一、环境审计的开展情况

根据 INTOSAI 对其成员国（地区）进行的环境审计执行情况调查，各国对环境审计越来越重视。第一，环境审计的法律保障。2000 年，大部分成员国的环境审计没有法律的保障和授权，为自愿性审计，其中有五个成员国的审计机关无权在环境审计领域开展工作。2018 年的报告显示，近一半成员国的环境审计由立法授权。第二，环境审计对象的全覆盖趋势。大部分成员国在 2000 年仅能对部分公共部门以及国有企业的环境活动进行审计，仅有少数成员国有权对一些私有部门进行审计，而对私有部门的审计范围也仅限于由公共资金覆盖的范围。截至 2018 年，大部分成员国已经能够完全参与公共部门的环境审计，越来越多的私有部门开始接受环境审计。第三，环境审计的类型增加。2000 年的报告显示，大多数成员国的环境审计集中于事后审计，主要是合规性审计和绩效审计（80%），执行事前审计的仅占 5%。随着环境审计的普及，2018 年的报告显示，成员国的环境审计包括财务审计（87%）、合规审计（88%）、绩效审计（93%）、事前审计（33%）（见表 4－1）。

表 4－1　　WGEA 的成员国 SAI 对审计对象的审计权限　　单位：%

项目	2006 年		2009 年		2012 年		2015 年		2018 年	
	全部	部分	全部	部分	全部	部分	全部	部分	全部	部分
国家政府	97	3	91	4	94	3	88	7	90	3
省、地区或州政府	75	18	68	14	70	17	62	21	67	13
当地政府	65	27	63	18	68	17	60	26	65	18
国有企业	78	22	72	16	82	13	76	17	85	8
准政府组织	37	55	27	47	48	43	43	48	52	32
非政府公共机构	12	46	11	38	13	44	10	55	20	47
私有企业	3	44	3	38	2	33	3	48	2	40

可见，环境审计的趋势是越来越普及，各国审计机关参与环境审计的积极

性日益高涨。具体表现为环境审计逐渐得到了各国的法律保障，审计范围不断扩大，审计方式以及执行的多样化。具体分解到 INTOSAI 的各地区，环境审计的开展在很大程度上取决于各地区的环保意识以及当地的经济水平。欧洲地区审计机关环境审计的实施情况在 16 年间始终排在第一位。人均收入水平较高的发达地区回复率也是明显偏高。值得注意的是，亚洲地区的回复率也比较高，仅次于欧洲地区，2003 年达到 82%。在亚洲以中国为代表的新兴经济体，经济发展速度较快，但也付出了巨大的环境代价，使得该地区的政府组织越来越重视环境问题，积极开展环境审计。

二、环境审计的主题事项

分析 WGEA 的全球性环境审计调查结果，有助于了解世界各国审计机关目前环境审计的关注重点。在 2018 年的问卷调查中，针对“你所在审计机关认为本国目前最重要的五大环境事项是什么”的问题，回答污水处理的占 15%、饮用水的质量和供应占 12%、灾难预防占 10%、能源生产和能源效率占 8%、保护区和自然公园占 7%。图 4 - 1 是 2015 ~ 2017 年期间各国最高审计机关环境审计主题事项的条形图①。

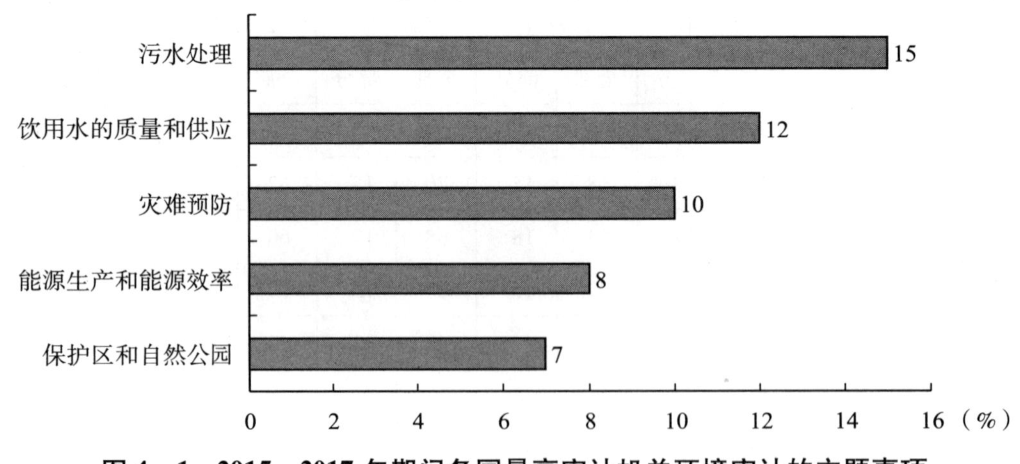

图 4 - 1　2015 ~ 2017 年期间各国最高审计机关环境审计的主题事项

① 2018 年环境调查结果报告显示的是 2015 年 1 月 1 日 ~ 2017 年 12 月 31 日之间环境审计的实施情况。

由图4－1可知，污水处理、饮用水的质量和供应、灾难预防是世界各国目前普遍最关注的三大环境问题。根据2015年WGEA的第8份调查结果报告，2012～2014年期间各国最关注的环境问题中也包含饮用水的质量和供应问题。

值得一提的是，在2009年的问卷调查中针对“你所在最高审计机关是否已启动或者完成专门针对本国可持续发展进程的审计”的问题，回答“是”的比重占到26%，与2006年的统计结果（25%）基本一致。可持续发展，是指经济、社会和环境三大支柱的有机整合。环境向经济和社会发展提供物质基础，是人类赖以生存的支撑系统。环境保护应成为经济社会发展进程中的一个重要组成部分，不能与发展进程孤立开来看待。在2010年南非召开的世界审计组织第20届大会上，“环境审计与可持续发展”被确定为大会主议题。

三、环境审计的审计目标

审计目标是审计工作的起点和基础。只有确定了审计目标，审计机关和人员才能有针对性地设计审计程序、收集审计证据、得出恰当的审计结论。环境审计的审计目标是什么，尤为引人关注，特别是在很多国家的环境审计仍处于探索阶段的情况下。表4－2给出“在审计开展过程中，对下列审计目标的应用情况打分”问题的答案，反映出2012～2014年、2015～2017年最近两个期间内各国审计机关开展环境审计时审计目标的使用情况①。

由表4－2可知，在2012～2014年、2015～2017年两个期间内，应用最多的环境审计目标都是国内环境立法的遵循情况、政府环境项目的绩效以及国内环境政策的遵循情况。当然，表4－2列示的其他答案，也可以作为各国审计机关根据具体情况设定环境审计目标的参考。

① 由于1993年、1997年、2000年和2003年的四次问卷调查中未设计有关审计目标的问题，因此，仅对2006年和2009年的调查结果进行统计分析，说明最新进展情况。

表 4－2　　环境审计的审计目标

环境审计的审计目标	根据各国对环境审计目标应用情况的评分	
	2015 年	2018 年
国内环境立法的遵循情况	2.53	2.47
国内环境政策的遵循情况	2.31	1.54
政府环境项目的绩效	2.2	2.25
政府环境政策的绩效	2.17	2.2
国际环境协议和条约的遵守情况	1.74	1.69
财务报表和开支的公允表达	1.47	1.76
政府非环境项目的环境影响	1.1	1.31
评价拟实施的环境政策和项目的环境影响	1.14	1.28
识别与环境和自然资源部门相关的潜在欺诈和腐败	1.26	1.39

注：各期间百分比的加总不是 100%，因为审计机关被允许选择多个审计目标。N 代表回答该问题的最高审计机关的个数。

需要关注的是，国际环境协议和公约的遵循情况也已成为各国审计机关环境审计的重要目标之一。最常见的约定是联合国气候变化框架协议（《巴黎协定》），2018 年的调查结果中有 22% 的审计机关提及此协议。此外，环境审计中常见的国际协议还包括：联合国气候变化框架协议（京都协定书）；生物多样性方面的《生物多样性公约》《湿地公约》《濒临绝种野生动植物国际贸易公约》；水资源方面的《控制危险废料越境转移及其处置巴塞尔公约》；海洋污染方面的《国际防止船舶造成污染公约》；臭氧层保护方面的《蒙特利尔议定书》等。

四、环境审计的实施障碍

与其他审计类型相比，环境审计的起步时间比较晚，审计系统内外部均存在很多不完善的地方，制约着环境审计的推广和发展。表 4－3 汇总了各国环境审计的常见障碍，列示出1996～2009年五次全球性的环境审计调查结果，相关问题是“你所在最高审计机关执行环境时遇到的障碍有哪些”。

表4－3　　　　　　　　环境审计的常见障碍

存在的障碍	2006年	2009年	2012年	2015年	2018年
缺乏强制性（%）	22	21	11	10	12
审计机关内部缺乏技能和专业知识（%）	56	58	59	50	47
政府环境政策的制定不完善，例如目标不可度量、缺乏总体战略等（%）	40	52	57	48	65
环境规范和标准建立不完善（%）	35	52	37	31	37
环境监控和报告系统不健全（%）	41	68	65	57	57
缺乏有关环境状态的数据（%）	51	62	66	60	58
缺少人力资源	N/A	N/A	65%	47%	57%
缺乏环境程序	N/A	N/A	30%	21%	28%
缺乏技术资源，例如装备不足	N/A	N/A	29%	17%	28%
数据可获得性不足	N/A	N/A	N/A	26%	27%
对报告数据的验证困难	N/A	N/A	N/A	41%	42%
受管理层关注度不足	N/A	N/A	N/A	N/A	15%
其他	6	30	12	0%	0%

由表4－3可知，制约环境审计发展的最主要障碍是：缺乏相关技能和专业知识，缺乏有关环境状态的数据，环境监控和报告系统不健全，政府环境政策不完善，环境评价标准不充分等。针对这些障碍和困难，各国审计机关在问卷调查的回复中提出了解决方案，具体包括：培训审计机关人员，到现场收集环境数据，与各地区的环境审计工作小组合作，采用国际组织发布的权威性环保标准，制定环保绩效指标，与大学和科研院所联合研究，扩张审计机关的权限等。

五、环境审计的国际合作

WGEA一直鼓励各国审计机关开展密切的合作。一方面是因为环境问题的影响具有跨国性、全球性。一国的环境污染可能波及其他国家，如2011年6月的智利火山灰事件；一国的资源利用可能对邻国的资源、环境利用产生影响。另一方面也是因为各国最高审计机关之间的合作会带来许多好处，如有利于信息和经验的交流，有利于审计方法、标准和良好实务的分享，有利于对履行国际公约和区域性组织环境政策的审计监督。2015～2017年间INTOSAI各区域内审计机关的环境审计合作情况如图4－2所示。

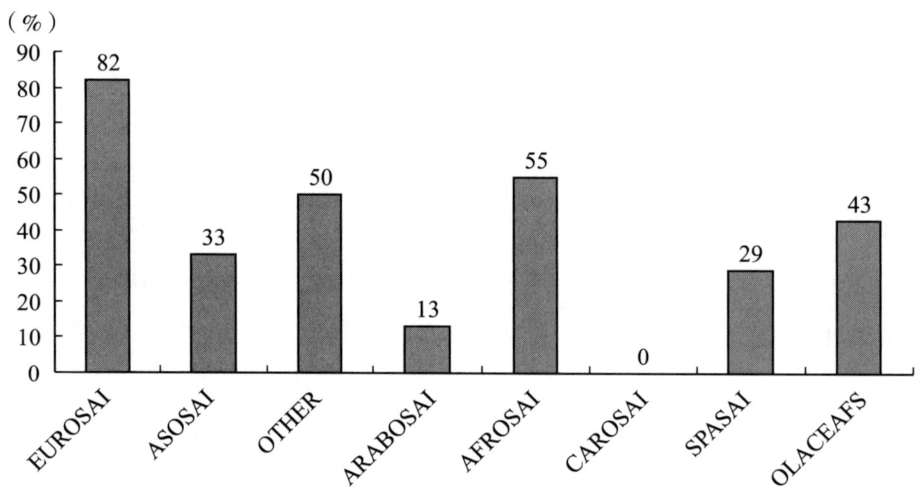

图4－2　2015～2017年间各区域内审计机关的环境审计合作情况

2018年的调查结果报告还显示，各国最高审计机关对于未来合作的态度都是一致的，即合作是未来环境审计的趋势，应当不断加强。各国审计机关倡议：建立交互式网站，以便快捷搜索需要的文档资料、实时解决问题、交换信息和分享经验；组织网络培训，制作易于获取的指导性文件。在2010年11月南非约翰内斯堡召开的第20届世界审计组织大会上，与会成员国认为，未来应更加积极地开展全球和地区间环境和可持续发展领域的合作审计，从而在跨界环境问题、知识分享、能力建设、检查标准和协议履行状况等方面发挥有效作用。

第二节　全球水环境审计的调查结果

2004 年，INTOSAI 公布了一项对 1996～2000 年期间各国水环境审计开展情况的调查研究结果。该调查研究结果概括了世界各国最高审计机关的经验，包括来自 350 多个审计项目的经验和教训。2013 年，INTOSAI 发布了新一轮对各国水环境审计的调查结果报告，着重关注了执行水环境审计的成功方法。本书将以这两项调查研究结果为基础，并加入更新的数据，对世界各国最高审计机关水环境审计的工作动态予以梳理。

一、世界各国最高审计机关水环境审计的概况

INTOSAI 的调查显示，各国最高审计机关都已开始关注水环境审计，2004 年，部分地区从事水环境审计的最高审计机关所占比重已接近甚至超过 60%。平均水平达到 40%。具体情况如表 4－4 所示。

表 4－4　　世界各国（地区）最高审计机关水环境审计的概况

地　区	该地区最高审计机关的总数	从事水环境审计的最高审计机关的数量	
	最高审计机关	最高审计机关	所占比重（%）
欧洲	41	26	63
亚洲	32	17	53
阿拉伯	19	9	47
非洲	49	7	15

续表

地　区	该地区最高审计机关的总数	从事水环境审计的最高审计机关的数量	
	最高审计机关	最高审计机关	所占比重（%）
加勒比海	14	0	0
拉丁美洲	20	13	65
南太平洋	13	2	15
非成员国	12	2	17
总计	180	66	37

资料来源：WGEA 发布的《水资源审计——最高审计机关的经验》。

从表中可以看出，拉丁美洲和欧洲是最高审计机关开展水环境审计最活跃的地区。非洲和南太平洋地区的最高审计机关实施水环境审计则相对较少，加勒比海地区的最高审计机关基本没有实施水环境审计。这显示出水环境审计存在明显的地域不平衡。另外，WGEA 的成员国与非成员国相比，显然成员国开展了更多的水环境审计。

二、世界各国最高审计机关水环境审计的目标

在水环境审计中，绩效审计比合规审计应用得更多。最常见的是这两种审计的结合，如表 4－5 所示。

表 4－5　　世界各国最高审计机关水环境审计的目标

审计目标类型	审计报告数量	所占比例（%）
绩效审计	141	37
合规审计	54	14
两者兼有	183	48
总计	378	100

三、世界各国最高审计机关联合审计的开展

从全球范围看，联合审计已经成为一种趋势。INTOSAI 认为，由于环境问题经常不以国家边界划分，所以联合审计是各国最高审计机关解决共同问题的工具之一。

全球共有 261 个流域由两个或更多的国家共享，如图 4－3 所示。海洋环境也是如此，很多国家需要共同对这些跨境的水环境承担责任。正是由于这些跨境水环境的存在，促使了水环境联合审计的诞生。

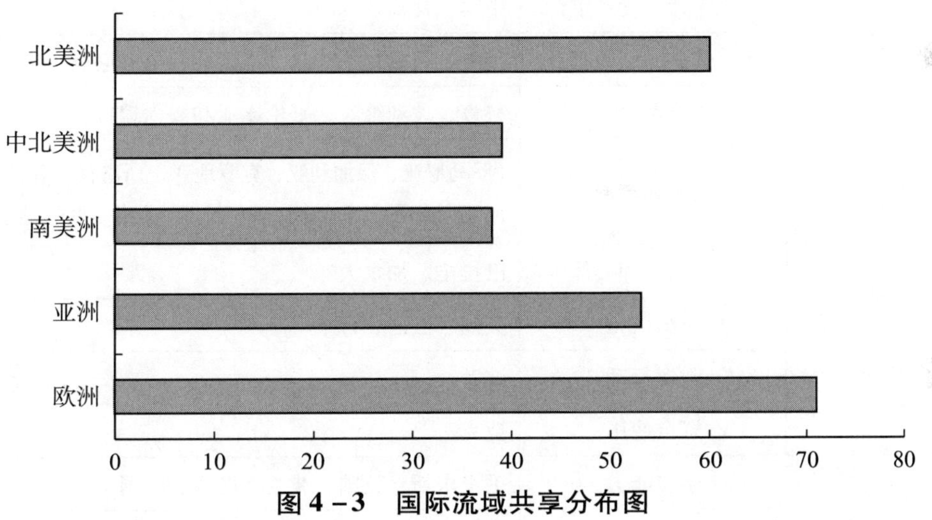

图 4－3　国际流域共享分布图

资料来源：WGEA 于 2004 年 3 月发布的工作报告。

对于跨境的水资源，联合审计的主题事项通常是各类国际公约或协定。例如，波兰、丹麦、爱沙尼亚、芬兰、拉脱维亚、立陶宛、俄罗斯和瑞典的最高审计机关审计了《保护波罗的海赫尔辛基公约》的义务。又如罗马尼亚、保加利亚、克罗地亚、斯洛伐克以及斯洛文尼亚五个国家对多瑙河项目进行了审计。

INTOSAI 非常鼓励各国最高审计机关开展合作。为了促进联合审计的开展，INTOSAI 实施区域化战略、网络强化战略，建立了区域工作组，为各国最高审计机关交流审计经验和见解、开展合作提供了一个良好的平台。

四、世界各国最高审计机关水环境审计的主题[①]

由于各国水环境状况不同，各国最高审计机关主要关注的水环境类别也不同。从各国最高审计机关公布的审计结果公告来看，水环境审计按照主题划分包括以下几类：（1）水质；（2）河流与湖泊；（3）洪水；（4）饮用水与卫生设施；（5）自然与生物多样性；（6）海洋环境，具体情况如表4－6所示。

表4－6　世界各国最高审计机关水环境审计的主题

类别	主题事项	国家
水质	合规审计、管理审计	中国、葡萄牙
	政策信息的绩效审计	美国、阿根廷、南非、法国、阿尔巴尼亚
河流与湖泊	分水岭	秘鲁、玻利维亚、哥伦比亚和委内瑞拉
	河流和流域	（罗马尼亚、保加利亚、克罗地亚、斯洛伐克和斯洛文尼亚）* 韩国、意大利、玻利维亚、秘鲁、哥斯达黎加
	水域的地理实体	巴拉圭、加拿大
洪水	防洪措施	英国、法国、日本
	救援行动	波兰
	资金使用	捷克
饮用水与卫生设施	供应能力	毛里求斯、英国、波兰、巴西、美国
	质量	哥斯达黎加
自然与生物多样性	湿地国际协议的执行	新西兰、荷兰
海洋环境	国际义务的执行	（波兰、丹麦、爱沙尼亚、芬兰、拉脱维亚、立陶宛、俄罗斯和瑞典）* 荷兰、英国、塞浦路斯、法国、希腊、意大利、马耳他、土耳其、以色列、丹麦、挪威

说明：＊表示括号内这些国家开展的是联合审计。

① 本部分的国外案例由作者根据相关资料整理。

上表列示的并非被调查国家的全部水环境审计活动，仅选取了部分具有代表性的审计活动，以供学习和借鉴。表中内容反映出各国最高审计机关开展的水环境审计的多个类别，以及各类别的不同主题事项，可在一定程度上反映全球水环境审计活动的总体状况。虽然每个国家的水环境情况各不相同，但是一些好的选题事项仍然值得参考。

下面重点介绍各国最高审计机关有关水质、河流与湖泊、洪水、饮用水与卫生设施、自然与生物多样性以及海洋环境方面的审计实务。

1. 水质的审计

水质问题的报告多种多样。一些报告涉及财务控制和管理，将水环境审计放在次要位置。其他一些报告则将社会的水环境问题作为切入点，例如缺乏纯净水的问题。INTOSAI 将水质审计信息分为两类进行概述。

第一类是合规审计和管理审计。2000 年，葡萄牙最高审计机关实施了一项水环境审计，评价“公共设施的维护和修缮”项目。该项目由六个水管理附属工程组成，用于防止水污染以及进行洪水控制。例如，其中一项工程是在自治区内建立城市废水和工业污水收集处理系统，防止水流和海岸沿线的水域受到污染。实施审计后发现：项目目标与国家环境政策基本一致；针对项目合同执行的监督控制是无效的；实际开支超出预算，某些预算的超支金额巨大。此外，审计人员还发现该项目的自我评估系统不适当，无法获取系统、全面的项目信息。

第二类是政策信息的绩效审计。美国最高审计机关已经通过不同渠道发布了多份淡水问题的审计报告。最高审计机关试图确定国家环境保护机构的水质目录提供的信息是否可靠以及对全国水质情况是否具有代表性。此外，他们还审查现有数据是否足够充分，能否让各州官员对水质做出重大管理决策。在实施审计以后，美国最高审计机关认为，国家的水质目录没有精确描绘出各地水质的状况。绝大部分州对子水域进行了监控，但在非监控水域内缺少有效的水质状况评估。而且各州的监控和评估方法差异较大，使得总体统计结论不可靠。非点源污染源被广泛认为是造成国内水质问题的主要原因，而非点源污染数据的可靠性尤其存在问题。

阿根廷最高审计机关对城市地下水质和污染源作了一个深度分析。这次审计是彻底而全面的，重点集中在首都布宜诺斯艾利斯以及 19 个城市。审计人员描绘了审查对象的历史和地域分布，编制出一份目录，内容包括水储量、水资源服务、全部污染源（包括农业和工业）甚至所有污染物。此次审计调查还涉及了与供水不足和水质有关的健康问题。阿根廷最高审计机关提出了许多建议。总体包括以下方面：建议制定一套完整的地下水保护和污染防治政策，制定一项有关水资源服务和卫生设施的政策，同时还应在当地建立监控水质、水量和地下水储备情况的系统。

法国最高审计机关也开展了一项民用水污染审计。此次审计反映出可持续发展面临的两难选择，即经济与社会发展目标同环境目标之间的平衡。审计结果表明，尽管1993年来有公共投入，但水质没有显著改善。协调水资源保护和农业用水活动的法规往往被忽视，且法规监管不力，通常偏重于防止偶发性的污染，而未针对扩散源造成的污染进行有力监管。审计人员认为，不同参与者采取的行动不一致，且不够坚定和一贯。减少家畜数量的建议被排除在计划和开展的活动之外，而这可能是最有效的解决途径。

2. 河流与湖泊的审计

玻利维亚最高审计机关对皮拉伊河的污染进行了审计，分析水的物理和化学性质，以及存在的细菌。水质分析表明，在皮拉伊河的集水区（水源地）存在未经处理的水，这些工业和商业活动排放的未经处理的废水造成了污染。最高审计机关的结论是，环保部门对皮拉伊河以及其他流入皮拉伊河的支流，没有有效履行其环保责任。这一结论的依据是溶解氧和有机物，以及生物需氧量和大肠杆菌等物质的测量结果。而且，审计人员认为，找出环境污染的成因是监管部门的主要职责，而监管部门却没有做到。

秘鲁最高审计机关审计了安第斯地区万太郎河流域的环境管理。最高审计机关完成了针对主要部门的17项审计，例如能源和矿产、农业、卫生和教育、卫生公司和地方政府，并于1999年公布了结果报告。该报告还关注了当地居民健康因为水污染受到的影响，而这一点在其他水环境审计报告中较少涉及。报告指出，采矿活动以及城市垃圾污染了万太郎河。审计人员与医院进行协作，对市民血样进行了毒理分析。结果令人担心，六成市民超过了血样允许的最高限值。

针对多瑙河的保护和可持续利用公约实际执行的审计也涉及了水质和水污染问题。罗马尼亚、保加利亚、克罗地亚、斯洛伐克和斯洛文尼亚的最高审计机关合作实施了这个审计项目。此次审计的目的是分析评估法律、行政、财务和技术措施取得的效果。公约执行情况的审计内容包括：国家立法的实施、跨国水质监测系统、以及联合行动方案和其他措施执行的结果。保加利亚和罗马尼亚也对其与欧盟的指令和法规的协调程度进行了评估。

韩国最高审计机关针对一项有关改善四个主要河流水质的全面计划进行了审计。管理投资方面的审计结果显示出政策信息以及政府有效投资计划的重要性。例如，在汉江的改善计划中，过去使用了不准确的统计数据；在 Paldang 湖的改善计划中，改善水质的预测不科学，即使一切按计划执行，也会导致水环境质量目标很难实现；在 Nakdong 河的改善计划中，污水处理厂处理能力是日污水排放量的 6 倍以上；在 Kum 河的改善计划中，排水管道维护方面所分配的投资较少；作为最大的饮用水源地，Juan Lake 地区的投资需求最大，但 Young - San River 计划中没有优先对其安排投资。

3. 洪水的审计

一些审计涉及与洪水有关的水质管理问题，特别是引发洪水的危险。法国、意大利、日本、波兰、英国和捷克共和国的最高审计机关都有这方面的一些案例。审计的主题包括防洪系统、抗洪抢险准备计划、洪水期间救援行动以及水灾过后的重建工作。

2001 年英国最高审计机关对内陆洪水防御进行了审计。最高审计机关认为防洪系统可以减少洪水的危险或损害程度，但不能预防所有洪水。在洪水暴发前以及洪水期间，对危害和规模的预测，是对洪水严重影响的重要防御措施。防洪系统组成成员复杂，多个组织参与，各自的预算独立，没有形成一项统一的防洪预案，导致了混乱和浪费。现行的责任划分可能导致部分灾民难以安置。最后，最高审计机关认为，优化资金配置和调整责任划分是必需的。

法国最高审计机关对防洪工作进行了审计。审计结果表明塞纳河洪水泛滥可能造成巨大损失。然而，该地区的居民对于可能遭受的洪水灾害没有充分的认识。很多洪水易发的城市都没有降低风险的应急预案，且一般性的预防措施不足以应对洪灾。

2000 年日本最高审计机关实施了城市综合防洪措施审计项目。这些措施包括修复渠道、江河流域的防洪工事等，例如兴建池塘。最高审计机关认为河流没有按照原定计划进行改良，因为在城市地区很难获得必需的土地和支付补偿。

审计人员建议政府督促改进措施的落实并且重新审视整体改善规划，以实现其目的。

继国家防洪系统之后，波兰最高审计机关还审计了发生在1997年和1998年洪水期间的救援行动，以及两次水灾后，用于恢复重建的公共资金的合法性、有效性、完整性和针对性。波兰最高审计机关认为，任务的划分以及国家机构的职责散见于不同的法案且相互矛盾。最高审计机关对恢复重建资金的1.6%部分的使用存在质疑。最高审计机关还评估了洪灾过后的重建效果。

4. 饮用水与卫生设施的审计

美国最高审计机关近年对饮用水开展了一些审计。这些审计大多集中于环境保护署，其他审计一般针对的是公共资金的使用。1999年，环境保护署公布了关于饮用水研究计划的审计报告。最高审计机关评估了环境保护署1997～2000年的饮用水研究预算，了解股东的意见，并评估了环境保护署的饮用水研究计划。主要结论是，在1997～2000年期间，环境保护署的年度资金需求比议会批准的金额高出数百万美元，但是近年来差距已经缩小。根据美国环保局官员的观点，预算需求反映了他们履行义务的水平。股东对即将颁布的法规、研究的充分性和及时性表示担忧，特别是有关健康影响和检测污染物分析方法的研究。对水利事业来说，不严格的管理制度将使人们更长时间地暴露于有害污染物之中。环境保护署计划对饮用水进行详细研究，但是这项研究所需资源不够明确，且缺乏一个有效的进度监控体系。因此，很难确定其是否提供了充足的研究经费，或者对新规章和规范的编制提供了及时的支持。

2002年，波兰最高审计机关审计了城市饮用水集中供应。经过审计发现，供给居民使用的水是入水口质量较差的水，处理后的口感也不令人满意。最高审计机关审查了水的提取、处理、分配、卫生和流行病监督，以及市政府的工作情况，以评估其能否确保足够数量和符合质量要求的水资源供应。他们也评估了节约的用水量以及在地表水和地下水资源供应方面的制度。最高审计机关认为应当在水供应的立法工作上做出更多的努力，以满足欧盟的要求。此外，最高审计机关要求加强对饮用水质量的监督，加强对自来水厂的监督和控制，进行处理过程评价并改善自来水管道条件。最后要求针对水法管辖范围内的江河流域，发布有关水环境管理的行政规定，特别是起草水管理计划以及水资源区域的用水限制。

5. 自然与生物多样性的审计

各种江河、湖泊以及海洋等水资源，都涉及广泛的自然与生物多样性问题。然而，水环境审计中涉及生物多样性的项目似乎很少。INTOSAI 的调查报告列举了两个例子，都与同一个主题相关，即湿地国际协议的执行。

四个国际协议之一是新西兰政府部门的管理者和审计长在“国际环境义务会议”审计报告中提出的、旨在保护和合理利用湿地的拉姆萨公约。审计的主要结论是，一些湿地的管理和保护工作取得了进展，但是在通过政策和立法措施以执行拉姆萨公约方面，并没有取得协议的预期效果。新西兰没有制定具体的法规来执行拉姆萨公约，认为现行的法律已经足够。最高审计机关认为，这可能是拉姆萨公约执行不力的重要行政因素。此外，湿地政策的职责分配也存在一定缺失，这导致湿地管理国家的政策框架缺乏前后连贯性。新西兰的湿地退化现象明显高于正常水平。拉姆萨公约预期的结果，即遏制湿地不断的侵蚀和消失并没有实现。

1999 年，荷兰审计法院发布了一份关于遵守湿地国际协议方面的审计报告。与新西兰一样，荷兰也是保护湿地拉姆萨公约的成员国之一，并且必须符合欧盟的两个官方指令，即鸟类和栖息地的指令。主要审计结论是，荷兰确已起草了许多管理和恢复湿地的计划，但实践中这些计划经常难以执行或执行得非常缓慢。在国家政策方面，国际性的义务不具备可操作性，因为自然管理部门还没有与地方当局就国际义务的履行达成一致。结果是，地方当局没有被很好地告知义务的实质内容。自然管理部门对地区的自然条件和地区湿地政策的影响也没有清晰的概念，导致其无法确定是否已经遵守了国际义务。

6. 海洋环境的审计

海洋环境是由一个以上国家共同定义和完成的主题。欧洲开展的海洋环境审计大多关注于国际义务的执行。

挪威、丹麦和冰岛的最高审计机关审计各自国家北大西洋海洋环境公约的遵守情况，目标是预防和消除北大西洋的污染。他们特别关注政府行政措施的选择和政策工具的使用，以确保工业、污水处理业以及农业遵守规定。在 2001 年的审计报告中，挪威最高审计机关认为，北大西洋海洋环境公约的目标是，1999 年磷化合物营养物质的排放量以及 2005 年氮营养物质的排放量均降至 1995 年排放量的一半。为实现该目标，还需做进一步减排的努力，即当代人停止所有有害物质的排放。挪威污染控制局的做法主要是通过设立工业排放许可制度来打击违法行为。

波兰、丹麦、爱沙尼亚、芬兰、拉脱维亚、立陶宛、俄罗斯和瑞典的最高审计机关审计了保护波罗的海的赫尔辛基公约的执行情况。审计范围与北大西洋海洋环境公约的审计相似，同样关注政府减少海洋污染的措施，特别是来源于陆地活动的污染。审计的重点是国家立法执行赫尔辛基公约的情况、控制程序和办法，以及非点源（主要是农业）和点源（主要是城市地区和污水处理厂）污染公共资金的使用。2001 年公布了联合审计报告。这项联合报告包括国家部分和通用部分，通用部分是综合各审计对象的国家报告而形成的结论。

荷兰最高审计机关在船舶污染海洋的国家审计报告中，针对预防和处理污染问题得出了普遍以及特定的结论：应当改善不同服务机构间的协作；防止船舶污染国际公约的部分条款在某些国家的立法中得到了贯彻，有的条款却根本没有体现。这将使一些工作变得难以实现，比如针对向海岸线以外的地区非法排放提起诉讼；此外，船舶调查机构缺少足够的信息和监督权限。有迹象表明，在环境保护方面，商贸协会比船舶调查机构投入的关注要少；船舶调查机构在港口实施的控制检查，能够更好地识别高风险的船舶；物流中心未能提供充足的设施卸载船舶的废物，将责任转移给了港口当局，然而没有进一步的证据表明港口当局安排了适当的设备以胜任该工作；对海洋污染做出的反应是有限的，因为空中飞机的监视通常需要很长的时间；某些国家的立法存在漏洞，造成污染者检举的措施难以有效执行；行政管理和强制执行之间的协调工作还有待改进等。

五、环境审计的常用有效方法

2013 年新的调查结果报告表明，目前审计机关和人员使用的审计工具包括两类，即基本审计工具和专业审计工具，具体内容如表 4－7 所示。

表 4 –7　　目前环境审计的常用有效方法

基本审计工具	专业审计工具
访谈	专家会议
文件审查	焦点小组
实地考察	数据库分析
问卷和调查	经济分析
个案研究	科学分析，如水样的采集和分析
获取专家意见	国际基准测试，如将被审计单位的项目或活动与其他可比国家实施的类似项目或活动进行比较

多个成员国的经验表明，由于水环境审计过程中需要面临问题的多样性，没有哪一种审计方法是最佳的方式。所以在审计执行的过程中，需要结合实际情况，巧妙运用多种审计方法。

绝大多数有关水资源的评价都依赖于一套核心的基本审计工具，大多数审计人员都很熟悉这些工具，包括面谈、文件审查和实地访问。各成员国在进行每一项有关水资源的审计中都使用了基本审计工具，并在大多数情况下结合使用多种基本审计工具，这是构成成功审计方法的基础。

在许多情况下，被调查的特定问题或审计的独特情况导致一些成员国选择更专业的审计工具来补充其所使用的核心方法。这些工具带来的额外资源和技术专长在处理复杂、有争议或技术性的问题时的确很有帮助。例如，在对备选政策做预期评价时，仅用基本工具是不够的，因为它们着眼未来，经常缺乏经验数据，而且缺乏法律或条例等传统审计标准。随着新出现的水资源问题（如与气候变化有关的问题）变得更加紧迫，对此采取行动迫在眉睫。各成员国需要对此进行评估，此时利用专家小组、国际基准和经济分析等工具，可以帮助审计人员克服与预期评价有关的挑战。

第三节　水环境审计的国际经验

一、美国水环境审计的实务介绍

1. 美国水环境审计的实施主体

（1）政府责任总署。

为了制衡行政部门使用财政资金的权力，1921 年美国出台《预算和会计法案》，成立了一个高度独立的审计监督机构——会计总署（General Accounting Office，GAO）[①]，由国会直接领导且单独拨付预算。GAO 是美国的最高审计机关，旨在为国会提供审计、评估和调查服务，帮助国会履行宪法职责，促进联邦政府更好地履行受托责任（包括环境保护方面的责任），在美国的国家治理中发挥着极为重要的作用。

只要有财政资金使用的地方，就有最高审计机关的审计监督。早在 1969 年，GAO 就对水污染控制项目进行了审计。1978 年，GAO 成立了自然资源利用与环境保护司，并下设环境资金审计处和环境绩效审计处，负责向国会提交环境审计报告，审计重点包括：土地经营开发项目的环境性、合法性以及效益性；能源政策的效果、规定的遵循情况以及生态环境要求的影响；地表水质量；垃圾、核废料的处理和管理；国际环境协议对美国的影响、美国政策的适当性等。鉴于美国国家环境保护局是美国联邦政府中负责环境保护的部门，因而其资金使用、项目、活动以及政策制定等，就成为 GAO 最主要的环境审计监督对象。在实施包括水在内的环境审计过程中，GAO 提出了大量意见和建议，并将最终的审计结果公告对外发布，向社会公众公开并接受监督。

① 为了表明其职责是督促联邦政府更好地履行面向社会公众的受托责任，该机构于 2004 年更名为政府责任总署（Government Accountability Office）。

（2）企业内部审计。

美国是一个提倡行业自律的国家，在环境保护方面，同样要求各企业积极开展自愿性的环境审计，通过内部审计等部门进行自主的环境管理和保护，尽早识别可能造成的环境危害并立即处理。

为了推动和指导企业自主进行内部环境审计，美国国家环境保护局（Environmental Protection Agency，EPA）一直不断制定和发布相关的政策文件。1986年7月发布了首个审计政策——环境审计政策公告，声明“旨在鼓励受监管的产业实施环境审计政策，以有助于实现和保持对环境法律法规的遵循性，也有助于识别和纠正未受管制的环境灾害”。该政策是推动企业实施自愿审计的开端，具体包括：①鼓励被监管单位制定、实施和改进环境审计计划；②讨论EPA认为需要或不需要审计报告的情况；③解释EPA的检查和执法活动是旨在促使被监管单位通过实施审计以确保遵循环境方面的法律法规；④授权对联邦设施进行环境审计；⑤鼓励各州和地方政府的环境审计倡议；⑥总结有效的审计计划的要素。在1986年的政策中，EPA明确提出，企业内部自主进行的环境审计的目的是确保遵守相关的环境法律法规，评价现有环境管理系统的有效性，评估受管制和未受管制物料和业务的风险。

该环境审计政策后来经过了数次修改，但其宗旨始终未变，即强调企业自律、鼓励对水环境方面等环境法律法规的自觉遵守。

（3）会计师事务所。

20世纪90年代开始，美国注册会计师协会就开始关注企业包括水环境信息在内的社会责任报告及其鉴证业务。2008年，国际会计师联合会主席指出：“环境的可持续发展以及社会业绩成为关键的商业理念，会计专业人士应该不断努力，以设计和提供这一领域所需的报告和鉴证服务。”美国的四大会计师事务所纷纷积极应对。例如，毕马威专门成立了“环境变化和可持续发展服务部门”，目前在全球40多个国家有250名员工为客户提供包括水环境信息在内的企业社会责任报告及鉴证、企业社会责任战略支持等服务。安永会计师事务所目前为客户提供的与企业社会责任和可持续发展相关的服务包括：企业社会责任方面的战略咨询，建立非财务报告系统，编制非财务报告，以及为非财务报告提供独立鉴证等。通过会计师事务所审计人员针对水环境在内的环境信息的报告和鉴证，美国政府监督并促进各类企业在人类可持续发展过程中正确履行其自身的环境保护等社会责任。

2. 美国水环境审计的具体案例

下面介绍一个由美国最高审计机关实施的、有关环境保护局专项水资金使用的审计案例。

（1）项目背景。

美国的城市管网基础设施日益老化和损坏，污水未经处理流入河流、城市水管爆裂等事件频发，急需投入大量资金进行升级改造。城市管网基础设施包括两部分，分别为饮用水基础设施以及污水处理基础设施。饮用水基础设施包括水处理厂、输水管道以及将水从自然界的河流、湖泊以及地下含水层中提取出来的设备，用于将处理后的水送往家庭、企业或者其他地方作为饮用水使用。污水处理基础设施包括收集系统、贮水池、处理设施以及输送家庭、企业和其他来源废水的相关设施，用于将处理后的废水排放到附近水体。

升级管网设施的资金大部分来自联邦援助、社区、公共事业单位以及纳税人缴纳的水费。在最近的需求调查中，根据环保局的评估，需要分别投资 3 350 亿美元和 2 980 亿美元进行饮用水基础设施以及污水基础设施的建设，然而目前的财政资金难以满足要求。国家环保局提出了三种方案筹措资金：一是建立国家专用水信托基金，二是设立国家基础设施银行，三是采用公私合作协议，引入民间资金的方式。

（2）审计目标。

GAO 按照一般公认审计准则，以 2002 年 8 月～2012 年 10 月的一系列工作为基础，利用已经发布的报告重点审查以下两方面的内容：第一，评价环保局的清洁水和饮用水国家专项资金项目的进展情况；第二，评价专用水信托基金、国家水基础设施银行和公私合作协议三种融资方案应用的可行性，并就如何加强管网基础设施资金的有效管理和使用给环保局提出一些建议。

（3）审计发现。

第一，有关环保局专项资金项目的运行。环保局的州清洁水和饮用水专项资金项目，主要依靠联邦政府的援助，旨在资助各州政府和当地社区的管网基础设施建设。州清洁水专项资金项目成立于 1987 年，可以用于支付改造或建造先进的污水处理设施，建设新的污水或雨水管道等类似的项目。州饮用水专项资金项目成立于 1996 年，通常用于支付更换老化的仓储设施以及类似的涉及公众健康的项目。与州清洁水专项资金项目不同，该项目资金既可以用于私人社区的供水系统，也可以用于公共区域以及非营利组织的供水系统。自 2003 ~ 2012 财政年度以来，环保局平均每年分别拨付 12 亿美元、913 亿美元用于州清洁水专项资金项目以及州饮用水专项资金项目。

第二，有关专用水信托基金的方案。专用水信托基金可以为污水处理设施提供专用的资金来源，类似于政府的其他专用信托基金，如公路、机场和航空公司信托基金等。经法律授权，联邦政府可以控制一项信托基金及其盈利，提高或降低未来信托基金的收付款数额，还可以改变信托基金的使用目的。

关于创建水信托基金的问题，GAO 采访了 50 个具备专业知识的个人或群体，并在访谈收集信息的基础上，设计了调查问卷，发送到 28 个具有管网基础设施建设需求的组织。根据 2009 年 5 月 ~ 2010 年 6 月期间对利益相关者观点的分析发现，若要创建水信托基金，务必需要解决一些问题。

第三，有关国家基础设施银行的方案。国家基础设施银行可通过直接借款给符合资格的项目等多种机制来保证市政债券以及众多小城市的信贷融资成本降至最低。

为了获得国家基础设施银行的利益相关者的意见，GAO 调查了 23 个拥有相关专长的国家组织，其中 18 个组织给予了答复。此外，发放了 14 份问卷以征求融资专家的意见，收到了 11 份答卷。综合调查问卷的数据可知，大部分利益相关者肯定了建立国家基础设施银行的方案，但也提出了多个需要考虑的关键问题。

第四，有关公私合作协议的方案。公私合作协议规定，由私人向废水项目注入资金，同时规定市政当局可以将管网基础设施出售给私人，但不能完全私有化。

为了获得针对该方案的意见，GAO 采访了联邦政府官员，以及阿拉斯加州、加利福尼亚州、新泽西州和俄亥俄州的相关官员。此外，还采访了全国六家最大的公私合营管网机构的私人所有者代表。

二、英国水环境审计的实务介绍

1. 英国水环境审计的实施主体

（1）国家审计署。

国家审计署（National Audit Office，NAO），是英国的最高审计机关，负责监督中央政府部门以及范围广泛的公共机构。根据英国的《国库和审计部法案》，NAO 有权对政府部门和公共机构的环境活动及其影响进行审计，重点选择有重大环保责任的政府部门或机构，评价其环境政策方针的适当性、环境管理的有效性以及相关资金使用的合法性、绩效性。鉴于水环境方面等环境审计的证据与数据技术性强、难以获取，英国法律允许 NAO 在必要时借助英国环保部门的设备和数据系统，并且利用专家的帮助。NAO 对政府部门提出的建议，需要对方予以回复（一般采取备忘录形式），NAO 将审查这些回复并检查所列措施的实施情况。NAO 的审计角色能够影响英国环境保护、可持续发展和环境财政措施的政策发展。

（2）企业内部审计。

在企业方面，早在 20 世纪 50 年代初期，出于对环境问题的关注，一些专家号召英国企业进行一般性的社会责任审计和专门的环境审计。从 20 世纪 90 年代英国开始重视并陆续颁布环境保护法律法规，如《环境保护法》（*Environmental Protection Act* 1990）、《水工业法》（*Water Industry Act* 1991）、《水资源法》（*Water Resources Act* 1991）、《清洁大气法》（*Clean Air Act* 1993）、《环境法》（*Environmental Act* 1995）等，对英国企业在各个环节的污染控制和预防责任予以详细规定。英国环境管理体系标准、欧盟生态环境管理与审计计划以及 ISO 14000 系列标准的出现，有效指导了英国企业内部环境管理系统的建立，英国企业内部环境审计成为企业环境管理系统的重要组成部分，以帮助企业识别环境风险，确保环境管理系统的有效运行，促使环境管理系统不断完善。

（3）会计师事务所。

1997 年英国环境部颁布非强制性文件《环境报告与财务部门：走向良好实务》，旨在推动英国企业向社会公众发布环境报告，表明其受托环保责任的履行情况。为增加环境报告的可靠性和可信度，一些企业开始聘请会计师事务所或其他专业公司对其环境报告进行第三方鉴证。

（4）环境审计委员会。

1997年英国下议院设立了环境审计委员会（Environmental Audit Committee，EAC），专门负责评估政府部门和非政府公共机构的政策和项目对环境保护以及可持续发展的影响，并对环境保护以及可持续发展目标的实现情况开展绩效审计，关注所制定的可持续目标是否实现，目标是否合理，是否采取了必要行动等，并将结果呈报给议会。EAC通过对政府财产持续经营性的定期审查，首先提出"绿色化政府"（greening government）的概念。由于不局限于传统"审计"职能，为推进环境保护和可持续发展，EAC还负责调研政策提案，研究需要实行新政策的领域以及现行政策的不足之处，检验开支方案和结果、公共服务协议目标及使用的统计方法、法规和重要政策提案的执行等。在英国政府的可持续发展框架下，EAC的"审计"领域广泛，包括水污染、气候变化、碳排放及交易、森林、废弃物、生物多样性、可再生资源和核设施等。EAC的报告大都通过网站向公众发布，以便于社会公众了解和参与。通过审计调查和研究，EAC不断以报告的形式对英国政府相关部门的环境管理工作、环境政策项目等提出各种建议和意见，以期获取政府回应，促进政府改革，落实低碳经济路线，推动英国向可持续发展型社会转变。

需要说明的是，该机构的性质是服务于国家立法机构的政策建议组织，而非专业的水环境审计机构，其地位类似于我国人大及其常委会下设的人大环境与资源保护委员会。事实上，在需要开展具体的水环境审计工作时，EAC依赖NAO给予的多方面支持，包括借调人员、提供简报和审计报告等，以作为EAC研究的基础信息和数据。因此，从实质上看，实施包括水在内的环境审计的主体，依然是政府审计机关、企业内部审计以及会计师事务所三大类。

2. 英国水环境审计的具体案例

下面介绍一个由英国最高审计机关实施的、有关渗漏和提高用水效率的审计案例。

（1）项目背景。

城市管网渗漏，是造成饮用水资源严重浪费的一个重要因素。所谓管网漏损，是指自来水厂将水供出后，在供应过程中产生了减少，漏损率指管网漏损量与供水总量之比。

在英国，自来水的渗漏问题十分严重。即使是在1995年的极度干旱时期，自来水公司配水系统内还是有大约30%的水因为渗漏而浪费，直接导致西约克郡等地区的供水困难。减少渗漏和促进用水效率成为水行业的重要管理任务。从1999年起，NAO实施了一个有关城市管网的审计项目，并于2000年公布审计结果公告。

（2）审计目标。

供水局管理着英格兰和威尔士24家自来水公司的经济活动，并且有责任确保自来水公司能更好地实现政府减少渗漏和提高用水效率的管理目标。

因此，审计目标包括两个：第一，了解供水局采取了什么措施鼓励公司促进用户节水、促进水的有效利用；第二，确定在减少渗漏方面取得的进展。

（3）审计发现。

在1997年5月政府召开的水资源峰会上，英国副总理强调了减少渗漏和提高消费者用水效率的重要性，并且提出了水业管理的十条重点计划，其中包括为减少自来水公司的渗漏问题制定强制性目标以及大力提高自来水公司的供水效率。为实现该目标，供水局采取了一系列措施：①要求自来水公司将渗漏减少到经济渗漏水平，即控制成本与减少渗漏的收益实现最佳平衡的水平；②要求自来水公司设定年度的渗漏降低目标并检查其实现情况；③要求每家自来水公司制订一份提高用水效率的计划，审查这些计划的落实情况，并对取得的进展和成果进行检测和报告。

结果发现，1996～2000年自来水公司为提高用水效率采取了约1 200万个行动。其中包括提供500多万个节水装置，在厕所水箱中放置塑料容器，以减少每次冲厕的用水量。其他行动包括向用户提供400多万条节水信息，以帮助他们了解如何节约用水，还安装了100多万块水表。在审计人员的用户调查中，88%的用户表示采取了一些节约用水的措施，57%的用户表示会反复查看节水信息。

另外，经过一系列的努力，自来水渗漏问题得到了较好的控制。从1999年到2000年，渗漏已经减少到21%左右。基于这样的减少量，现在英国和威尔士的总体渗漏水平普遍低于国际平均标准，而英格兰和威尔士那些表现更好的公司已成为世界领先的企业。

（4）审计建议。

第一，供水局应当帮助自来水公司进一步明确其经济渗漏水平。各自来水公司的供水能力和管道情况都不一样，经济渗漏水平的计算需要进行科学的经济测算以及工程评估。如果评估结果尚不明朗，供水局可以根据各供水区域的供求需要和渗漏水平分别制定“务实”的渗漏减少目标，从而促使自来水公司明确其任务目标。

第二，解决渗漏量的不确定问题。自来水公司不能直接测量渗漏量而只能进行估计。他们通常通过检测投入到供水系统中的供水量减去用户的用水量，然后参照最低流动分配对渗漏量做出调整。由于大多数用户没有水表，所以消费数量也是估计的。渗漏量水平如果无法准确估计，后续的改进计划就难以有效实施。

第三，统一有关渗漏节约的效益测算方法。目前有关减少渗漏而节约用水的价值难以准确测算。自1998年以来，自来水公司已被要求通过估计生产的边际成本的方法来估算节省用水的价值。然而，各自来水公司的估算方法和假设各不相同，导致难以进行有效的比较和监管。审计人员建议，未来供水局应当设计出一套统一的计量方法。

三、印度水环境审计的实务介绍

1. 印度水环境审计的实施主体

（1）主计审计长公署。

印度最高审计机关是主计审计长公署（Comptroller and Auditor General, CAG），有权检查政府收支的各个方面。为更好地开展包括水资源在内的环境审计工作，获取更好的监督效果，CAG专门设立了环境审计办公室，该办公室在全国范围内专门承担中央政府计划的环境审计。孟买地区培训机构被指定为印度最高审计机关工作人员的环境审计培训中心。专门办公室和培训中心的设立，使CAG逐步拥有了一群掌握环境审计技术的审计人员。在过去20多年，印度最高审计机关实施了100多项环境审计，包括水问题、空气问题、废弃物、生物多样性和环境管理系统等五大类。目前CAG在环境审计领域的主要工作包括：①编制《绿色办公指南》，指导印度最高审计机关在全国的办公机构通过更加持续和有效地使用办公资源以减少办公活动对环境的负面影响，该指南被印度环境和森林部采纳，并向所有中央政府办公室推广；②CAG 在“印度废物管理”审计报告中提出多项建议，协助印度环境和森林部制定废物有效管理政策；③编制《第 4E——审计中整合环境问题》指南，以指导在所有类型审计中关注和整合环境问题。

包括水在内的环境审计涉及：①检查负责实施和监督环境要求的机构的运行及定期评价情况，并评价这些机构的履职程度；②检查环境保护与改善项目的财务和绩效，以及项目监测机构的完善程度，如所审计的项目没有事先制定环境绩效标准，审计机关将对此发表意见，并就其后果进行质询；③根据已批准项目报告中的预测和规定（环境以及非环境方面），评价项目和规划对环境的影响。CAG 采用综合审计方法，其审计涉及账目、合规性以及绩效审计各个方面。

（2）企业内部审计。

1992 年印度环境和森林部依据《环境保护法》制定政策，要求特殊工业部门各单位应向国家污染控制委员会提交年度环境审计报表（后改称为环境报告），披露水和原材料消耗量、产生的污染、有害废弃物的产生和处理、污染控制措施对环境的影响等信息。此环境报告旨在帮助政府部门进行监管，了解工业企业采取的措施是否遵守了企业内部政策和印度相关法规，使企业掌握其经营和设备状况，挖掘原材料使用过程中可减少浪费的环节，最大化原材料的转化，改进生产过程，寻求低污染材料替代品和物资的循环利用，降低能耗，尽可能节约成本，改善健康和安全条件。

在印度，企业内部环境审计的内容主要包括：①水。评价输水设备的运行情况，以及水处理厂的绩效，检查各过程的水耗和节水措施；②能耗。收集审查能耗、成本、生产量等数据，掌握能耗和单位产品能源成本趋势，发现潜在的能耗节约点；③环境质量。对工厂周围的空气质量进行评价，监测暴露浓度，检查噪音水平和固体危害物的处理；④健康和安全。通过问卷调查了解企业员工健康和安全状况，利用软件评估伤害距离，并提出改进建议。环境审计能有效实现多个目标，如污染控制、节约资源、最小化健康和安全风险、在保护环境的同时提高生产力，是一项有价值的减少成本的制度安排，区别于传统的末端治理措施（Badrinath & Raman，1995）。

2. 印度水环境审计的具体案例

下面介绍一个由印度最高审计机关实施的、有关水污染防治的审计案例。

（1）项目背景。

2010 年 7 月～2011 年 2 月，在印度环境和森林部、中央污染控制委员会、水资源部和中央地下水委员会的组织下，印度最高审计机关 CAG 通过文件分析、调查问卷、物理和样品测试，对 140 个河流项目、22 个湖泊以及 25 个州的 116 个地表水域的水污染防治项目进行了审计。

（2）审计目标。

审计目标包括：第一，了解水资源库存是否充分，河流、湖泊和地下水等水源整体水质情况是否已得到充分评估；第二，确定水污染对水体生物健康和环境的影响是否已经充分地评估；第三，针对江河、湖泊和地下水污染的预防、控制和恢复工作，是否已经制定适当的政策、法律和方案；第四，评价河流、湖泊和地下水水污染防治项目的规划、实施以及监测是否经济高效；第五，基于减少水污染的目标前提，评价投入资金是否得到了经济高效的使用；第六，评价政府是否已建立适当的机制来支持水污染防治措施；第七，评价水污染防治项目是否已有效降低地下水和地表水的污染程度。

（3）审计发现。

将该水环境审计项目的审计发现汇总，结果如表 4－8 所示。

表 4－8　　审计结果汇总表

立法和政策框架	无论是中央层面还是地方层面，水污染在印度的任何政策中都没有得到强调。没有一个特定的水污染预防、治理和恢复政策，政府在这些领域的努力就不会取得良好效果
河流、湖泊和地下水污染控制方案	审计人员发现，MOEF* 和一些城市： ①没有进行完整的湖泊、河流以及与之相关联的关键物种调查； ②没有根据生物指标鉴定现有河流的污染水平； ③没有识别和量化河流、湖泊和地下水的污染物； ④尚未确定和量化影响水质的人类活动； ⑤没有评估水污染对人类健康和环境的威胁； ⑥没有采用能够控制水污染的有效方法； ⑦尚未明确并落实水质目标及其相应的参数

续表

河流、湖泊和地下水污染项目的实施	关于河流、湖泊和地下水污染控制的实施方案，审计人员发现： ①目前控制河流、湖泊和地下水污染的计划并不充分； ②管理河流、湖泊和地下水污染控制方案的机构设置不当，无法履行其职责； ③NRCP** 项目实施效果不能令人满意，82%的项目超过规定期限。28个项目耗费了251.27亿卢比，却尚未投入使用； ④NLCP 项目在保护和恢复湖泊方面的效果不明显。在抽样的22个项目中只有两个已完成，其余项目一直拖延或者中止。当地居民对建设污水处理厂的反对、城市间纠纷、污水源头处理、土地使用权等问题阻碍了项目的完成。 因此，水污染防治项目没有得到预期的效果
河流、湖泊和地下水污染防治项目监测	①NRCP 和 NLCP*** 项目的检查和监督在地方层次、联邦层次以及中央层次都不到位； ②监测站数量不足，没有实时监测水质，地方水质数据没有被充分利用，缺乏治理河流、湖泊和地下水污染的网络跟踪。 因此，由于各级政府薄弱的内部控制，水污染防治项目的监测并不充分
水污染防治项目结果	①河道清洁和污染控制项目自1985年开始实施。该项目旨在通过建设点源和非点源污染处理厂来解决水污染问题。然而，这些项目的结果数据却不令人满意。恒河、亚穆纳河、戈达瓦里河、昌巴尔河、泉河等，污染依然十分严重，水生生物缺氧，存在致病的细菌和病毒； ②印度的大多数湖泊都受到富营养化的威胁，NLCP 项目的实施并没有取得明显的效果。皮丘拉湖、双子湖泊、代卡那湖、达尔湖等，水质仍然较差。然而，也有一些成功的案例，比如奈尼湖、曼萨卡湖的水质得到了改善
资源和资金的运用	目前可用于水污染防治、控制和恢复的资金不足

注：* Ministry of Environment and Forests，印度环境和森林部。

** National River Conservation Plan，国家河流保护项目。

*** National Lake Conservation Plan，国家湖泊保护项目。

（4）审计建议。

第一，在水污染防治政策中，需要特别考虑水体污染的预防和控制，还需要考虑恢复退化的生态水体。

第二，CPCB[①]、MOEF 应与水利部以及各城市共同清查河流、湖泊和地下水在印度的源头。此外，还应该调查印度每条河流和湖泊中的关键物种。

第三，MOEF、CPCB 应加大力度开发生物指标，揭示水生态系统的功能完整性。

第四，MOEF 在计划减少全国河流、湖泊的污染时，应考虑采用根本性的解决方法。

第五，对于湖泊来讲，湖泊的三个部分即源头、水体和控制区都需要保护，而不仅是目前 NLCP 项目的重点——水体。

第六，MOEF 需要建立强制执行的水质标准，这将有助于保护人类健康和生态系统。如果违反水质标准则必须处罚。另外，MOEF 应与农业部合作，研究氮、磷等污染物的标准。由于使用农药和化肥造成的污染，农业是其中最大的一个非点源污染源。

第七，应把重点放在可再生以及河流保护的项目上，而不是侧重于污水处理。此外，不仅应把水污染的预防作为重点，水体保护和生态恢复也应作为重点。

第八，目前有多个机构参与河流和湖泊的保护，需要进一步巩固这些机构职能，更好地协调水环境保护问责制。

四、水环境审计的国际经验借鉴

1. 世界各国水环境审计的重要性日益凸显

民主的进步、可持续发展理念的强化、“受托环保责任”概念的出现，使得“环境保护”观念成为审计系统的重要组成部分，促进了包括水在内的环境审计的跃迁。

过去单纯的发票审计、合法性审计无法满足要求，人们迫切希望在审计这样一种远离平衡态的开放系统中加入新的熵值，打破原有系统平衡，逐步权变演进，并形成新的暂时稳定状态，而这种新状态中必然是增加了环境保护的理

① Central Pollution Control Board，中央污染控制委员会。

念。正如著名审计学家杨时展教授对受托责任的阐述，“这种责任是因民主而产生，并且，又是因民主的发展而发展的”，此外，他还预见，“在民主制度比较不发达的情况下，会计责任以合法性为主……随着民主制度的发展，人民或纳税人就不但要求政府及公职人员仅仅‘取之于民、用之于民’，并要追究政府及公职人员在‘用之于民’时发生的浪费，不经济的支出和低效率的责任，要求经济地用之于民。随着民主制度的更进一步发展，人民或纳税人不仅要求一切开支要经济地用之于民，并要求一切开支要严格按照人民的意志而不是责任人随心所欲的‘赐予’来用之于民，不但要求开支必须合法、经济，并要求开支必须达到人民预定的目标，充分体现人民或纳税人的意志。”①

总之，包括水在内的环境审计的发展，是目前以及未来审计领域的重要发展趋势，已经受到各国审计机关和审计组织的高度重视，无论是发达国家还是发展中国家，都已经投入了大量的审计资源进行相关理论问题的研究以及实践。

2. 法律法规是水环境审计发展的基本保障

有权监督、有权审查是水环境审计发展的起点。在美国，1921 年的《预算和会计法案》赋予了政府责任总署调查所有与公共资金的收入、支出和运用有关事项的权力，确保了政府责任总署有权对资源环境领域，包括联邦环境保护局的资金、项目、政策以及活动等进行审计监督和政策评价。该法案与英国《国库和审计部法案》齐名、被誉为立法模式两大奠基之作，也是美国后续相关立法的源头和基础。在英国，正是基于《国库和审计部法案》的授权，英国国家审计署有权对政府部门和公共机构的环境活动及其影响进行审计，评价其环境政策方针的适当性、环境管理的有效性以及相关资金使用的合法绩效性。另外，也正是因为《水工业法》《水资源法》等法案的出台，促进了英国企业内部水环境审计的产生和发展。同样，在发展中国家的印度，《环境保护法》《第4E——审计中整合环境问题》等法律法规的发布，促进了印度水环境审计的发展进步。

因此，建立健全水环境法律法规，是赋予审计组织和人员开展水环境审计活动的基本保障，对于水环境审计的发展至关重要。

3. 政府审计机关是水环境审计的核心主体

根据第三章的理论分析，水环境审计的监督主体包括三大类：分别是政府

① 杨时展著、沈如琛选编：《杨时展论文集》，中国财政经济出版社 1998 年版，第 67 页。

审计机关、企业内部审计以及会计师事务所。虽然三者都是水环境审计的主体，但是考虑到水环境具有较明显的公共物品属性，在水环境审计的实践中，政府审计机关是最核心的监督主体。

1968年英国学者G. 哈丁（Garrett Hardin）在《科学》杂志上发表的文章中提出了公地悲剧（Tragedy of Commons）的理论。由该理论可知，当多个经济单位乃至整个社会共同占有某一稀缺的公共资源，具有经营权的经济主体及具有支配权的个体，可以从公共资源的利用中获得收益，但却不必支付相应的成本，由此导致每个理性经济人都有足够的动力来无限使用相对稀缺的公共资源，直至该公共资源快速枯竭，或通过利用公共资源、损害公共资源获取个人好处，最终使整个社会蒙受损失。同时，公共资源在法律规定上的产权明晰与实际使用中的产权模糊的不对称性，使得公共资源常常处于无人为之负责同时又任人攫取的悲惨境地。

鉴于水的公共物品属性，水环境保护的投资周期长、经济效益低、经营风险大、溢出效应明显，私人部门一般不会投资于水公共环境项目，因此，其资金大部分来自公共财政资金或由政府担保从国内外金融机构取得的贷款。由此可见，水环境保护项目的资金来源具有无偿性的特点，是典型的公共资源。在上述情形之下，作为履行国家经济监督职能的政府审计机关，便具有了责无旁贷的监督义务，需要通过卓有成效的工作，保证公共水环境项目投资的经济性、效率性、效果性、环境性等。

事实上，无论是美英等发达国家还是印度等发展中国家的情况，都印证了上述观点，即在水环境审计的实践中，政府审计机关是最核心的监督主体。另外，值得注意的是，企业内部审计以及会计师事务所这两大主体所实施的水环境审计，与一个国家社会经济的发展，具有更为紧密的关联关系。经济相对发达的美国和英国，更多地强调企业自律、自愿性的信息披露，因此这些国家中由企业内部审计部门以及会计师事务所实施的水环境审计发展相对更快。

4. 环境绩效评价是水环境审计的核心内容

根据第二章的分析，按照审计内容划分，水环境审计包括财务审计、合规审计以及绩效审计三大部分。从美国、英国、印度等国家的水环境审计实践来看，在水环境审计的三种类型中，绩效审计应当是最核心的监督内容。

水环境的绩效审计在美国、英国以及印度的水环境审计中均占据较大的比重，合规审计和财务审计是水环境审计的基础类型，而绩效审计则是目前以及未来水环境审计发展的主流趋势。水环境绩效审计的具体内容涉及评价政府财政资金的使用绩效、水环境项目的绩效、政府非水环境项目的水环境影响以及拟实施的水环境政策的可能影响等，涉及的范围较广、问题较多，既是未来水环境审计的核心内容，也是水环境审计实践的重点难点所在。

5. 审计范围的复杂性决定了水环境审计的难度较高

由美国、英国、印度等国家的水环境审计实践来看，水环境审计的范围十分广泛，包括水质、河流湖泊、洪水、饮用水和卫生设施、自然与生物多样性以及海洋环境等多个主题，涉及对水环境制度管理、资金使用、项目建设以及信息披露等多个问题的考虑和评价。

审计范围的复杂性决定了水环境审计的技术性很强、实践难度较大。一方面需要对审计人员进行培训，掌握更广泛的专业知识，从而确保其具有实施水环境审计的专业胜任能力。另一方面需要审计人员与其他专业部门，例如国家环保部门等，进行积极的协调合作，获取其专业技术性数据和信息以作为审计分析评价的基础，同时在必要时，充分利用外部专家的帮助。

第五章
水环境审计的实践现状

本章首先概括我国水环境审计的发展历程。然后，收集、整理我国审计机关发布的水环境审计结果公告，从数量趋势和具体内容两方面进行分析，指出目前我国水环境审计实践的特点以及存在的问题。最后，进行水环境审计发展基础的中外对比，分析我国水环境审计实践的优势和劣势。

第一节 我国水环境审计的历史发展

一、我国古代水环境审计

我国水环境保护的历史可以追溯至三千多年以前，其主要与人类活动特别是农牧业生产活动引起的对水源、森林以及动植物等自然环境的破坏有关。为了维护自然环境，许多朝代都设有履行环境保护职能的机构。受当时历史条件所限，这些部门大多是出于保护农业生产、稳固统治根基的考虑所设，但却客观上保护了自然环境，其背后都隐含了环境保护和环境审计的意识，这些意识也体现了统治者利用环境保护进行生产、生活的目的。例如《周礼》记载先秦有山虞、泽虞、川衡、林衡等官职专门负责保护山、林、水资源，并规定了用火之禁、时令之禁和幼小之禁。这些环境保护意识在环境保护越来越被重视的今天仍然有其现实意义。而《旧唐书》详细记载了虞部郎中、员外郎之职，主要负责“掌京城街巷种植，山泽苑囿，草木薪炭供顿、田猎之事。凡采捕渔猎，必以其时。凡京兆、河南二都，其近为四郊，三百里皆不得戈猎采捕。殿中、太仆所管闲厩马，两都皆五百里内供其刍蒿。其关内、陇右、西使、南使诸牧监马牛驼羊，皆贮蒿及茭草。其才炭木橦进内及供百官番客，并于农隙纳之”。类似地，明朝虞衡清吏管山泽采捕、陶冶之事。明朝规定“冬春之交，罝罛不施川泽；春夏之交，毒药不施原野”。可见，虞衡就是明朝环境保护的监管机构，虞衡不仅有环境保护的职能，还有监督环境物资应用方面的任务。

二、我国近代水环境审计

1840 年第一次鸦片战争爆发到中华人民共和国成立之间，我国经历了清政府、北洋军阀与国民政府的统治。政治环境极不稳定，经济发展停滞不前，环境保护意识薄弱，几乎没有开展与水环境审计有关的活动。此外，不同时期的统治者为了获得外国政府的支持，将铁路建设权与矿山开采权出卖给外国政府，造成列强对自然环境的肆意破坏。国民政府时期，曾有一段短暂时间政局较为稳定，经济也开始复苏，特别是我国注册会计师行业有了初步发展，但那时的审计主要服务于与战争和财政收支有关的经济活动，对水环境审计的认识严重不足，况且当时国民政府也不具备足够的能力进行水环境审计等工作。

三、我国现代水环境审计

中华人民共和国成立以后直至“大跃进”之前，随着工业化的展开和经济的发展，生态环境问题开始出现。由于国民经济初入正轨，国家工业化刚刚起步，环境污染和生态破坏只是在局部地区出现且程度较轻，因而环境保护没有引起关注，政府也未明确提出环境保护的概念。少数城市的卫生部门曾经开展了污染源及污染状况调查，如重庆市先后于 1954 年、1955 年和 1956 年对长江、嘉陵江重庆段的水质基本状况、污染与自净能力，工业“三废”对两江的污染情况，以及粉尘和有毒气体、生产性噪音等进行过调查测定。随着“大跃进”的展开，生态环境遭遇了中华人民共和国成立以来第一次集中的污染与破坏。当时主要提倡的是“让高山低头，让大河让路”“敢叫日月换新天”的“赶英超美”式经济增长方式，这是一种不计环境成本的粗放型增长方式，对环境造成极大破坏。1973 年，新中国召开第一次全国环境保护会议，为环保工作的顺利开展提供了组织条件、事实依据和思想基础。虽然这些工作尚未涉及水环境审计，但却为水环境审计的展开提供了重要的认识基础和舆论准备。

20 世纪以来我国水环境审计的发展大致可分为三个阶段。

第一阶段是1983～1997年。虽没有明确提出水环境审计的概念，但在审计署开展的审计项目中涉及一些水环境保护资金的审计事项。如1993年，国家审计署组织部分地方审计机关对哈尔滨、大连、太原等13个城市环保部门1992年的排污费收支情况进行了审计，并对178个企业缴纳排污费和环保部门的污染治理情况进行了审计调查。这些零星水环境审计的开展说明我国审计机关已开始关注水环境审计，属于水环境审计的起步时期。

第二阶段是1998～2002年。1998年审计署成立了农业与资源环保审计司，标志着我国水环境审计新阶段的开始。自此，审计署开始积极探索环境审计，水环境审计也得到重视。2000年审计署对46个重点城市排污费的征收、管理和使用情况开展了审计。同时审计署还指导京津冀、武汉、沈阳等特派办对1994年以来中央投入的南水北调中线工程前期工作经费以及地方配套资金的管理、使用情况进行了审计。但是从总体上说，农业与资源环保审计司的大部分工作内容是关于"三农"资金的审计，这一阶段是水环境审计的探索时期。

第三阶段是2003年至今，以2003年7月环境审计协调领导小组的成立为起点，该阶段是水环境审计的快速发展时期。2005年3月，审计署在武夷山市举办亚洲审计组织环境审计研讨会，水环境审计是重要议题之一，掀起了水环境审计的实践热潮。近几年审计署公布的12份审计结果公告中就有7份是水环境审计的报告。

在此阶段，水环境审计问题也引起了学术界的广泛关注。学者们多是结合水环境审计的实践展开研究。如严飞（2007）结合水污染审计实践，提出了水环境效益审计的目标及其落实要点，并探讨了水环境效益审计的内容和方法。李成艾、孟祥霞和周学军（2011）基于宁波市的审计实践，突破传统的财务收支审计模式，构建了一种立项、方法、内容、运用全面创新的水资源审计模式。另外，评价指标体系作为水环境审计的突破难点之一，也备受学者关注。郭阳生（2009）、王如燕（2006）、丁秀艳（2009）都曾提出利用模糊数学的基本思想建立环境审计的评价指标体系。而刘莎（2010）在王如燕构建的政府环境绩效评价体系的基础上，构建了PSR概念框架下的水环境审计绩效评价指标体系。学者们的理论研究为进一步推动水环境审计的发展提供了助力。

第二节　我国水环境审计的结果公告

由于无法获取地方审计机关开展水环境实践的完整数据，本书仅从审计署公布的审计结果公告入手，分析近年来我国政府审计机关开展水环境审计的实践情况。

一、水环境审计结果公告的数量分析

1. 水环境审计结果公告的变化趋势

根据审计署网站披露的公告信息，将环境审计结果公告的数量与相应年度审计结果公告的总数进行对比，得出 2003～2011 年审计署环境审计报告的变化趋势图，如图 5－1 所示。2006 年审计署发布了第一篇有关水环境审计的审计结果公告，此后，逐步推进了水环境审计工作。

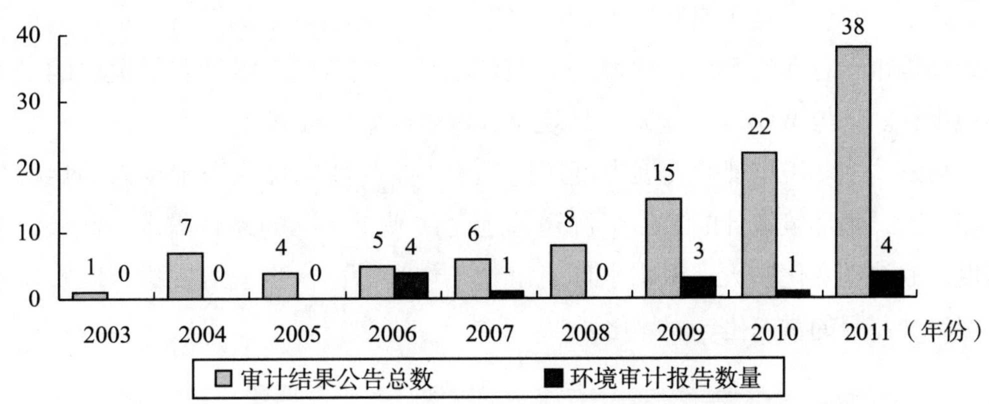

图 5－1　2003～2011 年审计署环境审计报告数量的变化趋势

再对环境审计结果公告的内容进行分析。截至 2011 年底，我国审计署审计结果公告栏目公布的环境审计及其包含的水环境审计结果公告数量如图 5 – 2 所示[①]。

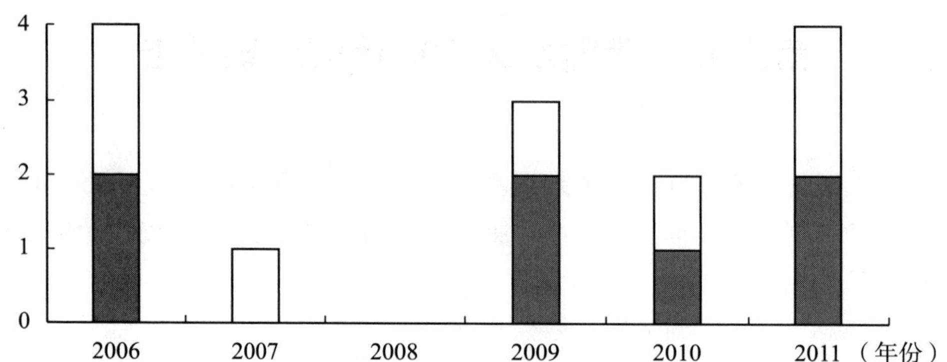

图 5 – 2　2006 ~ 2011 年审计署环境审计（包括水环境审计）结果公告数量的趋势

注：在图中，整个柱长表示环境审计结果公告总数，灰色部分表示水环境审计结果公告数量。

2. 我国水环境审计实践的发展趋势

从图 5 – 2 反映的情况来看，我国水环境审计的发展趋势有以下特点：

第一，从总体趋势上看，我国环境审计的实践经历了从无到有的曲折变化过程。各年份加总的环境审计结果公告数量约占全部结果公告总数的 12%，说明环境审计工作已得到我国审计机关的高度重视。

第二，水环境是我国环境审计的主题事项。从相对比例来看，水环境审计占到环境审计总数的 58%。也就是说在环境审计实务中，审计署最关注的是水环境审计。这与 WGEA 的全球性环境审计调查结果相符。

第三，水环境审计的开展力度还远远不够。与我国环保资金投入的规模与增速相比，水环境审计的实施情况还远远无法满足实际的监督需求。此外，各年度间的波动变化较大，说明水环境审计工作尚需进一步统筹安排，以实现水环境审计监督的常态化、规律化。

① 图表数据源自 2011 年底第 1 版出版时的可获取数据。截至 2018 年底，审计署新发布的水环境审计结果公告，包括《审计署关于 883 个水污染防治项目审计结果》《审计署关于农林水专项资金审计结果》《涉农水利专项资金审计结果》《长江经济带生态环境保护审计结果》等。

二、水环境审计结果公告的内容分析

为深入了解我国水环境审计实践的成效以及可能存在的问题，本书拟采用内容分析法，对近六年来发布的7份水环境审计的结果公告作进一步的分析。

所谓内容分析法（Content Analysis），是指一种分析文本材料的结构化方法，开始于第二次世界大战时期的军事情报研究，现已应用于传播学、政治学和管理学研究中的许多领域（李钢和蓝石，2007）。内容分析法通过一系列的转换范式将非结构化文本中的自然信息转换为可以用作定量分析的结构化信息形态，主要用于分析会议声明、司法条文、政府工作报告、案例调查报告、新闻出版物、报刊书籍、专栏文章和信函等。

1. 数据来源

研究数据来源于国家审计署有关水环境保护工作的审计结果公告，上述公告可以在国家审计署网站获取。

2006~2011年，国家审计署共发布了7份水环境审计结果公告（见表5-1）。

表5-1　　审计署发布的水环境审计结果公告

公告标题
9个省市2010年度城镇污水垃圾处理专项资金审计结果
黄河流域水污染防治与水资源保护专项资金审计调查结果
103个县农村饮水安全工作审计调查结果
“三河三湖”水污染防治绩效审计调查结果
渤海13个城市的水污染防治审计调查结果
部分水利建设资金和水利项目审计结果
重点流域水污染防治资金审计结果

注：重点流域水污染防治资金审计结果包括“部分水利建设资金和水利项目审计结果”“重点流域水污染防治资金审计结果”等五项审计结果，为作进一步研究，将与水环境相关的审计结果报告单列出来。

资料来源：中华人民共和国审计署网站。

2. 类目设定和材料编码

本书第三章已经指出，从具体内容上看，水环境审计包括财务审计、合规审计以及绩效审计三类。为方便对水环境审计结果公告的内容进行定量分析，将这三类审计的内容设定为若干类目。

财务审计，旨在审查水环境资产、债务、成本等方面的信息是否真实可靠，因此用“真实性”予以反映。合规审计，旨在审查经济活动是否遵循相关的水环境保护法律法规以及规章制度，因此用“合规性”予以反映。绩效审计，旨在审查是否实现水环境保护目标、获取了有效保护的结果，以及是否经济高效地开展水环境保护工作。绩效评价的内容，通常是用“经济性”“效率性”和“效果性”予以反映。为了解水环境审计工作的实施效果，即被审计单位有无就审计意见进行整改落实，借鉴黄溶冰和赵谦（2012）的分析方法，特别增加了“回应性”的类目。

针对真实性、合规性、经济性、效率性、效果性、回应性这些分析类目，进行详细的定义，如表5－2所示。然后在水环境审计结果的公告中找出与之对应的主题词汇，统计主题词汇出现的频数，通过这种方式对水环境审计结果公告的内容进行量化处理。

表5－2　水环境审计结果公告类目设定表

类型	类目	定义	主题词
财务审计	真实性	所记录的事项真实存在，不存在虚假和错弊	重复申报、改变资金用途、挪用虚报、少征截留
合规审计	合规性	经济活动遵循法律、法规以及有关规章制度的规定	（不）规范、欠征、欠缴、未纳入预算管理、违规使用、违规审批、违法转分包、未公开招投标、违规借用投标资质、违规减免、拖欠工程款
绩效审计	经济性	以最低费用取得一定质量的资源，即支出是否节约	资金缺口、资金滞留闲置、未及时到位
	效率性	以最小的投入得到预期的产出水平，或以既定的投入水平得到最大的产出效果	未达到设计能力要求、（未）按期完工、进度延误、不到位、未开工、污水处理率低

续表

类型	类目	定义	主题词
绩效审计	效果性	与预期的目标相比较，工程、计划或项目实现结果的程度	水质（未）好转、（未）形成污水处理能力、（降低）超标排放、（未）完成目标、节约资源、降低能耗、减少污染
	回应性	满足社会公众利益的需要，对审计发现问题的整改落实情况	补征补缴、加快建设、督促改造、组织整改、出台（完善）规章制度、加强执法、通报批评处分、已收回、已拨付、追缴归还、提高资金使用效益、加强监督

主题词需要联系上下文才能做出正确的类目归属，因此，本书以审计结果公告的有效语干为分析单元（包括标题、段落或句子），在7份水环境审计结果公告中，共筛选出153条有效语干，在此基础上进行编码，编码表如表5－3所示。在分析单元中，每出现一次相关主题词就计数一次，得到水环境保护工作中各具体分析类目的频次。

表5－3　　　　　　　　　　编码表示例

渤海水污染防治审计调查结果
（二〇〇九年五月二十二日公告）

一、渤海水污染防治工作的基本情况与取得的成效
审计调查结果表明，“十五”以来……
（一）……
（二）……
（三）……有效地降低了污染物排放量（效果性）
二、审计调查发现的主要问题
（一）……23座污水处理厂尚未开工建设（效率性）
（二）……
（三）……
三、审计调查发现问题的整改情况
（一）完善相关制度（回应性）
（二）……

3. 研究发现

根据内容分析法，得出我国水环境审计结果公告的内容统计分析结果，如表 5－4 所示。

表 5－4　　总体的内容分析统计结果

分析类目	成效		问题		总计	
	频次	占比（%）	频次	占比（%）	频次	占比（%）
真实性	0	0.00	7	8.34	7	4.57
合规性	2	2.90	26	30.95	28	18.30
经济性	4	5.80	10	11.90	14	9.15
效率性	5	7.24	23	27.38	28	18.30
效果性	14	20.29	18	21.43	32	20.92
回应性	44	63.77	0	0.00	44	28.76
合计	69	100	84	100	153	100

由上表可知，关于水环境保护资金征收、管理、使用情况的主题词，成效出现 69 条，问题出现 86 条。

在成效中，回应性、效果性的评价位于前列，分别为 63.77%、20.29%。回应性占比最高，说明有关部门和各级政府高度重视审计调查发现的问题和提出的审计建议，使其在一定范围内得到了很好的落实，通过积极采取措施，认真加以整改，提高了水环境保护资金的使用效率和管理水平。效果性的占比较高，说明我国水环境保护资金的投入在一定范围内取得了良好的效果，贯彻了水环境保护的基本国策，有力保障了污水处理设施建设和运营的需要，提高了水环境卫生质量，节约了资源，降低了能耗，减少了水污染。

在问题中，合规性、效率性、效果性的评价位于前列，分别为 30.95%、27.38%、21.43%。合规性的占比最高，说明我国水环境保护资金在征收、管理、使用中仍存在严重的违法违规问题，比较突出的情形包括：违规使用（4 份公告）、欠缴（4 份公告）、管理不规范（3 份公告）、违规审批（2 份公告）、违规减免（2 份公告）。同时也说明，在以后的水环境审计监督中应特别关注这些问题。效果性的占比较高，说明尽管总体成效比较明显，但具体到各水环境保护项目，仍存在制度不完善（3 份公告）、超标排放（2 份公告）等不足。效率性的占比较高，说明未按期完工（4 份公告）、未开工（2 份公告）、未达到设计能力要求（2 份公告）等现象比较严重。

三、我国水环境审计实践的特点问题

根据对我国水环境审计结果公告的数量和内容分析，可以发现我国目前的水环境审计实践具有以下几个突出的特点和问题。

1. *水环境是我国环境审计的核心主题*

在已发布的 12 份环境审计结果公告中，水环境审计的报告有 7 份，比重达到 58%。2010 年我国出现百年一遇的大旱、北京等众多特大城市饮用水的严重短缺，引起党和政府以及全社会的高度重视和广泛关注，未来水资源保护方面的投入资金必将进一步加大，水安全将是未来我国环境审计的持续性核心主题。

2. *资金使用是我国水环境审计的主要对象*

尽管水环境审计的对象包括制度管理、资金使用、项目建设、信息披露以及海洋保护等，我国目前的水环境审计仍是以资金使用为主要对象。这是因为，首先，按照我国有关法律的规定，对资金的审计是审计机关的主要职责。宪法和审计法对此都有明确规定。而我国水环境保护资金的来源，主要是各级政府的投入以及企业按照“谁污染、谁付费”原则支付的费用。政府投入包括城市建设维护费、财政预算内基建投资、征收的污水处理费和垃圾处理费等，是水环境保护资金的最主要来源。以“十五”期间为例，政府财政投资就占到投资总额的 56%。然而，在企业投资所占的 44% 中又有相当部分来源于国有企业。因此我国水环境保护资金的绝大部分都在审计机关的审计范围之内。其次，对水环境制度管理、项目建设、信息披露的审计，在《宪法》和《审计法》中都没有明确的规定，审计机关只能通过对水环境保护资金的审计，反映水环境政策、政府部门水环境管理方面的问题以促进政府加强水环境保护、改善水环境质量。再次，由于政府部门职责划分的不同，西方国家审计机关开展水环境审计时所拥有的一些职能，在我国是属于其他政府部门的。例如，水环境管理方面的职能，在我国属于环境保护部门。在目前没有开展与这些部门联合审计的情况下，审计机关的工作权限受到一定限制。

3. 绩效审计是我国水环境审计的主要方向

从水环境审计结果公告的内容分析来看，我国水环境审计的内容，已经由最初单一的财务真实性审计向合规性审计以及绩效审计转变，并且已经将绩效评价作为我国水环境审计的主体内容。

在水环境审计结果公告中，既要评价已取得的成效，也要指出尚存在的问题。从总体评价来看，水环境保护工作的成效评价依次体现为回应性、效果性；问题评价依次体现为合规性、效果性和效率性。特别是合规性和效果性方面，虽取得了较大的成效，但仍然存在不少问题。因此，未来的水环境保护工作需要在规范经费开支的前提下，不断提高财政资金的使用效果。

4. 合作审计组织方法得到广泛的应用

我国水环境审计实践中，合作审计是在上级审计机关的统一组织下，针对同一流域的水污染防治、水土保持、水资源开发利用等问题，由跨界流域上下游或同一流域周边地区的审计机关根据流域水环境保护情况，采取联合或平行的组织模式，共同开展审计工作。

审计署在2004年组织开展的水污染防治资金审计中，省级审计机关和特派办按照分工各自对一个流域进行审计，这可以算作合作审计的初步尝试。

2009年，审计署组织实施了“三江一湖”[①] 水污染防治情况审计调查，重点对平行审计和联合审计方式进行了深入探索。在长江上游水污染防治情况审计调查中，组织特派办和上游省（市）审计厅（局）开展了联合审计。在珠江、松花江和太湖流域水污染防治情况审计调查中，组织三个流域的六个省（区）审计厅（局）开展了平行审计。

5. 审计评价的标准不明

审计既是一种鉴证业务，就需要依据一定的标准对鉴证对象或者鉴证对象信息进行评价，方可得出客观、适当的鉴证结论。因此，评价标准是审计业务必不可少的要素。正如在财务报表审计中，会计准则和会计制度是评价报表真实公允性的根本尺度。水环境审计同样如此。但是，在已公开的水环境审计结果公告中，很少提及评价标准，或者评价标准模糊、不明确。这会给实际工作

① 三江一湖是指长江（上游）、珠江、松花江和太湖。

带来两大难题。一是审计人员缺乏依据，操作起来较困难，不知道该采用什么样的评价标准，主观随意性大。二是评价标准事前没有与被审计单位达成一致，容易导致审计结论有分歧，不利于协调双方的合作关系。

6. 审计范围的延伸性不够

水环境的整体性、关联性决定了其审计内容的复杂性。在进行水环境审计时，还必须关注水环境对其他物质的影响，需要考虑整个水生态系统。必要时，应将审计范围适当延伸至水环境周围的其他环境因素。此外，由于水环境的跨区域性，水环境审计通常涉及发改委、环保、民政、财政、水利、水务等多个单位和部门。审计机关和人员应当更多地联合流域内各行政区域的相关单位和部门，开展联合审计。

7. 急需综合素质的审计人才

水环境系统的稳定性受到众多因素的影响，要对水环境进行评价，必须具备较强的专业知识，有时甚至需要利用先进的仪器进行检测。这些决定了水环境审计技术的复杂性。例如，中国环境规划院经常公布有关水环境的技术说明，如《关于对全国地表水环境容量核定有关问题的说明》等，审计人员应该了解并掌握这些技术规定。然而，我国水环境审计事业起步较晚，审计人员以财会专业为主，工科背景特别是环境相关专业的人才较少，审计机构内部也缺乏类似专家委员会的常设咨询机构。人力资源政策的滞后以及现行审计人员知识结构的单一化严重制约我国水环境审计的迅速发展。

第三节　我国水环境审计的发展基础

他山之石，可以攻玉。我国水环境审计仍然处于起步阶段，可以通过借鉴成功案例，学习其他国家的先进经验和做法来推动这一实践。但是，在吸收他人经验时，必须以内源发展观为指导，清楚地认识和理解我国水环境审计的实践土壤。下面以美国为例，从经济发展、法制建设、社会需求、技术条件四个方面，对比我国与西方发达国家的差异，从而为恰当、有效地借鉴国外先进经验提供参考。

一、经济发展方面

经济基础决定上层建筑。经济发展水平不同，首先决定了水环境审计的基础条件不同。当20世纪80年代美国的水环境审计快速发展时，恰逢该国进入以市场化为特征的政府改革浪潮，中国大体上在同一时间进入市场化的探索并在这一时期建立起审计监督制度。尽管两国的审计组织都是以市场化为背景，但市场化的具体含义却有质的不同。美国的市场化取向，实际上是在市场经济已经发育很成熟的前提下，减少政府干预，让经济主体充分利用市场机制去配置资源，并且在公共服务的供给领域引进市场机制，力图创建一个“少花钱多办事的政府”。这种市场化取向是一个从自由市场到政府干预，再从政府干预回归自由市场的否定之否定过程。因此，美国审计组织在水环境审计中一直强调对经济性、效率性和效果性的关注。而中国的市场化取向实际上是指由计划经济走向市场经济，最终建立起市场经济体制。中国目前处于市场经济体制的建立和完善阶段，不仅有庞大的政府机构，而且有大量的事业单位和国有企业；不仅存在比较发达的东部沿海地区，也存在不发达的西部地区；各种管理方式还不能很好地适应市场经济的要求，管理制度不健全、不完善的情况将在很长一段时间内长期存在。

中美市场经济体制的本质及市场化的特征不同，市场经济的发展阶段也不一样，作为国家治理工具的水环境审计就不可能完全一样，例如，在审计内容方面仍将长期关注真实性、合规性的问题，即进行水环境保护的综合评价，难以实施单纯的绩效评价。

二、法制建设方面

水环境审计所处的法制环境可以分为两个层次：一是社会整体的法制建设，包括法律法规的健全性以及公民的守法意识；二是法律对审计的保护与授权。

前者是从法制建设的宏观角度来反映的，不仅与审计组织相关，也与被审计单位相关；后者则直接与审计组织及其审计人员相关。

三、技术条件方面

首先，经济条件基本具备，社会主义市场经济体制正处于完善的过程中，可持续发展理念深入人心，社会公众的环境权利意识逐步加强，客观上越来越需要包括水在内的环境审计监督。随着管理制度的逐步健全和规范化，对水环境保护工作的绩效进行评价（尤其是定量评价）将备受重视。

其次，从现行的党政结构看，中国共产党的集中领导克服了西方政党制度的负面影响，水环境审计的执行力度以及实施效果将更好，而且党对审计工作的要求为水环境审计的发展指明了方向，目前应该做的，正是进程中稳步推进包括水在内的环境审计。

最后，法制条件基本具备，《中华人民共和国审计法》的颁布实施已经为我国水环境审计提供了法律依据，给予了立法支持，未来还将不断完善。

因此，我国水环境审计的发展跃迁，不仅必要而且可行，应当扬长避短，不可照搬照抄。

第六章
水环境审计的评价指标

前面讨论了水环境审计的理论体系，以及世界各国和中国的水环境审计实践情况。由国内外实践现状可知，虽然水环境审计从内容上看包括财务审计、合规审计和绩效审计三种类型，但是绩效审计无疑是目前以及未来水环境审计的最核心内容，未来水环境审计的实施将更多地涉及对水环境保护绩效等方面的监督评价。因此，如何建立一个具有高度实用性、能得到业界普遍认同的绩效评价指标体系就是当前水环境审计工作的重点和难点。

水环境审计的对象种类繁多，包括制度管理、资金使用、项目建设、信息披露等，不可能采用一套统一的绩效评价指标体系。鉴于环保投资项目，例如城市管网设施的建设、污水处理厂等，是水环境保护工作中最常见的实施方式，本章以水环境保护投资项目为例，构建水环境保护投资项目的绩效评价指标体系，以期为审计人员的具体操作提供框架依据。

第一节　相关文献回顾

当前对水环境投资项目的绩效指标的探讨较少，因此在指标体系构建的过程中需要参考其他投资项目的绩效指标构建方式。

目前，投资项目绩效评价的范围和内容是非常广泛的，具体包括投资决策、建设方案、计划管理、资金管理、物资管理、财务管理等方面。由于内容的广泛性，我国学者对投资项目绩效进行评价时采用的指标不尽相同，按照基本内容，可以将现有文献分为三类。

一、根据投资项目的流程内容构建绩效评价指标体系

郑艳茹（2005）指出政府投资项目绩效评价的内涵应该从投资决策、投资管理和监理、资金使用、投资效果四个环节出发来构建评价指标体系。毛明利和张忍干（2006）建立的绩效评价指标体系，重点包括投资决策、资金使用、

项目管理和投资效益四个方面。

杨凡（2006）根据项目周期理论，建立了一套投资决策、投资运用、投资回收全过程的绩效评价指标体系，认为完整的公共投资项目绩效评价指标体系应该由这三大阶段的评价指标构成，每类指标下又设立了详细的具体指标。

魏耀聪和贾喜云（2007）根据过程跟踪审计理论，提出了较为全面的投资项目绩效评价内容，主要包括：（1）投资项目立项申请、论证、决策阶段的绩效评价；（2）投资项目招投标阶段的绩效评价；（3）同时对招投标过程中存在的各种违法违规行为进行查处；（4）投资项目资金划拨与管理的绩效评价；（5）投资项目验收阶段的绩效评价；（6）投资项目运营阶段的绩效评价；（7）投资项目维护阶段的绩效评价；（8）投资项目报废处置阶段的绩效评价。

武竞雄（2011）提出，公共投资项目绩效评价体系应着重抓住投资决策（包括项目可行性研究的评价、设计文件的评价、资金来源及其落实情况的评价等）、项目管理（包括招投标工作的评价、工程管理监理的评价等）、资金使用（包括项目概算执行合法性的评价、项目资金支出合法有效性的评价、财务管理规范性的评价等）以及投资效果（项目经济效益、社会效益、环境效益的评价）四个环节。

二、根据投资项目的影响作用构建绩效评价指标体系

高春梅（2004）从投资项目的经济影响、社会影响、自然环境影响和分配影响方面提出了公共投资项目评价的分析指标，并从可持续发展角度建立了公路、水利、医院、学校等项目的评价指标体系的初步框架。

张宏亮和肖振东（2007）同样是从经济效益、社会效益和环境（生态）效益三个方面，构建了公共环境投资项目审计的一般指标体系框架，并在此基础上，以污水处理投资项目为例，建立了此类项目的具体审计评价指标。

花拥军、陈迅和张建（2004）从社会评价的角度将公共投资项目的评价指标分为两个层次。第一个层次包括，公共投资项目和可持续发展的协调性、公共投资项目对社会、经济、生态环境、自然资源和其他方面的影响等六个因素，第二个层次包括这六个因素集下相对应的具体定量和定性指标。

欧阳春花（2007）提出，公共投资项目的绩效评价应当包括经济效益、社

会效益以及环境效益三个方面，它是审计人员在对公共投资项目预算执行以及竣工决算进行审计的过程中，对公共投资项目所取得的成果、消耗的人力、物资、资金进行分析，比较投入与产出，对公共投资项目的经济效益、社会效益和环境效益进行全面评价。

邝必清（2009）将公共投资项目绩效评价的内容，按照微观和宏观两个层面进行分类，微观层次包括项目前期绩效评价、建设效果评价、项目预算执行绩效评价、项目竣工决算及运营绩效评价，宏观层次包括经济效益、社会效益以及环境效益的评价。

三、围绕“3E”或“5E”理论构建绩效评价指标体系

在公共投资项目的绩效评价指标体系中，主要是进行经济性（economy）、效率性（efficiency）和效果性（effectiveness）的评价，也就是通常所说的“3E”审计。经济性是指该公共项目投资活动对经济资源的利用是否节约合理，是否根据要求按照规定的时间并用最低的成本或在批准的费用范围内建成，有无损失浪费现象，从中找出不合理的原因；效率性是指公共投资项目的各项经济活动是否有效率，生产能力是否得到充分利用，各项经济责任或经济契约的履行情况，有无投资项目建设效率低下的问题；效果性是审核公共投资项目的各项计划和目标的执行结果，并与预期结果进行比较，分析其出现差异的原因，为以后编制计划和制定目标提供资料和依据。经济性、效率性和效果性之间的关系如图6－1所示。

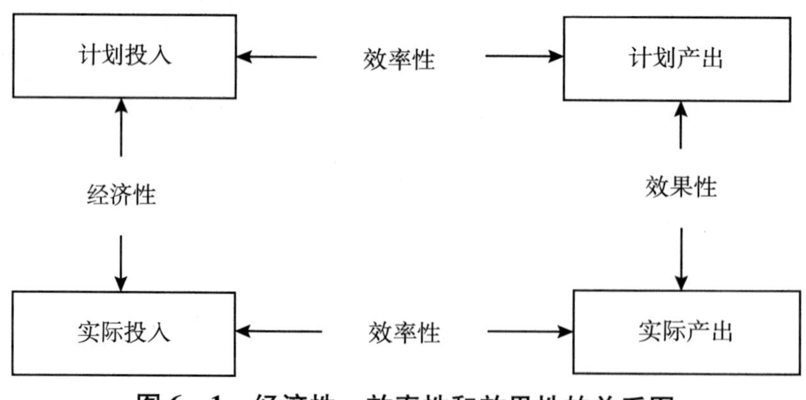

图6－1　经济性、效率性和效果性的关系图

由于环境问题的日益严重，自20世纪80年代起，在“3E”的基础上出现了对经济活动的公平性和环境性进行评价的审计。1989年，加拿大的丹尼斯·普瑞斯波尔认为，除了“3E”之外，还要增加两个方面，一是审查对自然资源的有效利用和对生态环境的保护情况，即环境性（environment）审计，二是审查项目或者活动所产生的收益分配和再分配对社会公平的影响，即公平性（equity）审计，也就是后来所说的“5E”审计。很多学者基于“3E”或者“5E”理论构建了绩效评价指标体系。

肖振东（2006）研究发现投资项目的绩效评价既包括政府有关部门的管理活动，也包括投资项目的经济效益和社会影响，还包括投资资金的经济性、效率性和效果性评价。

张竹林（2006）重点讨论了财政资金投资形成的经营性项目的绩效评价指标体系。他以“3E”标准为基础，对公共投资项目绩效评价指标进行分类，在每一类下又设立了一级指标和相应的二级指标，共选取了13个一级指标和16个二级指标。

王世成和武国（2010）区分单个项目和区域性项目，从相关性、经济性、效率性、效果性、可持续发展能力和合规性这六个方面建立了公共投资项目的绩效评价指标体系。

唐建民（2010）通过构建以经济性、效率性、效果性、公平性和环境性为核心的绩效评价指标体系，在每一类下面又设立了一级指标和相应的二级指标，旨在提高公共投资项目的综合效益。

纵观已有的研究可以发现：

第一，由于投资项目绩效评价的对象千差万别，衡量审计对象经济性、效率性和效果性的标准难以完全统一，目前尚没有一套科学统一的投资项目绩效评价指标体系和标准，水环境保护方面的投资项目同样如此。

第二，目前构建的投资项目绩效评价指标体系各有侧重，尚未形成统一的见解。但相关研究普遍认为其核心要点是经济性、效率性、效果性等，运用“3E”或者“5E”作为构建绩效评价指标体系的基本内容已成主流的研究趋势。

第三，由于水环境保护投资项目的影响表现形式多样并且复杂，在进行审计评价时，既要使用具有客观性与准确性的定量指标，也要选取反映项目投资效益状况的定性指标。例如，水环境投资的社会效益可能主要表现在定性评价方面，而这些指标对于评价项目是必不可少的，在构建指标体系时需要予以体现。

众所周知，绩效评价是运用数理原理及特定指标体系，对照统一标准，按照一定程序，采用特定方法，通过定量定性的对比分析，对项目在一定经营期间的经营效益或者经营者业绩做出客观、公正和准确的综合评价。对于多元化、多层次、多角度、多方位的绩效评价而言，可以考虑构建一个基本框架，然后根据不同项目的具体情况进行修订和细化，从而可为水环境投资项目的绩效评价提供合理的依据。鉴于此，本书将结合“3E”和“5E”理论，运用定性指标与定量指标，初步构建水环境投资项目绩效评价的基本框架。

第二节　绩效评价指标

经济性、效率性和效果性是绩效评价的三个核心内容，考虑到环境性是水环境保护投资项目建设的首要目的，而公平性的评价在实践中则较难把握和实施，因此，本书拟融合“3E”和“5E”理论，从经济性、效率性、效果性和环境性四个方面设计水环境保护投资项目的绩效评价指标。

一、经济性的评价指标

1. 项目支出节约（超支）率

该指标反映项目建成后实际支出与计划支出的对比关系，关注项目是否达到支出最小化。该指标为正，表明实际成本小于计划成本，项目支出指标越大，经济性越好；该指标为负，表明实际成本大于计划成本，支出不经济，指标绝对值越大，越不经济。计算公式为：

项目支出节约（超支）率 =（项目计划支出总额 − 项目实际支出总额）÷ 项目计划支出总额 × 100%

2. 资金损失浪费率

该指标反映由于项目决策失误导致建成后部分设备不适用、支出控制不严造成不合理支出增加、管理不善造成材料损失浪费等问题的金额占项目实际支出总额的比例。计算公式为：

资金损失浪费率 = 项目损失浪费金额 ÷ 项目实际支出总额 ×100%

项目损失浪费金额 = 建成后不适用设备支出 + 不合理支出 + 损失浪费材料支出

3. 管理费用率

该指标反映项目各级管理单位管理费用总额占项目实际支出总额的百分比。该指标越低，说明直接用于项目建设的资金支出所占的比例越大，项目间接支出越小，经济性越好。计算公式为：

管理费用率 = 项目建设过程中的管理费用总额 ÷ 项目实际支出总额 ×100%

二、效率性的评价指标

1. 设备使用率

该指标反映设备负荷程度，一般用设备平均年度运行时间占设计年度运行时间的比例，或者用设备实际运行能力占设计能力的比例来衡量。计算公式为：

设备使用率 = 设备年度实际运行时间 ÷ 设备年度设计运行时间 ×100%

设备使用率 = 设备年实际运行能力 ÷ 设备年设计能力 ×100%

2. 资金使用率

该指标反映项目实际支出占可用资金的比例，可以分为年度资金使用率和综合资金使用率。年度资金使用率反映某一年度项目实际支出占可用资金的比例，综合资金使用率反映截至绩效评价时点项目实际支出占实际到位资金的比例。资金使用率越高，说明项目用款进度越快，建设效率越高。计算公式为：

年度资金使用率 = 年度项目支出 ÷（上年度结余项目资金 + 本年度到位项目资金）×100%

综合资金使用率 = 项目实际支出 ÷ 项目到位资金 ×100%

3. 工期计划完成率

该指标反映项目实际建设工期占计划工期的比例，比例越高，效率越低。计算公式为：

工期计划完成率 = 项目实际建设天数 ÷ 项目计划建设天数 ×100%

4. 配套资金到位率

该指标反映在某一时点上，实际到位的项目配套资金占应到位配套资金的比率。该指标越低，说明项目配套资金到位情况越差，资金越没有保障。计算公式为：

配套资金到位率 = 实际到位的配套资金 ÷ 应到位的配套资金 ×100%

三、效果性的评价指标

1. 单位投资的污染物实际处理量

该指标反映项目投资的效果，也可评价资金的使用效率，具有较强的横向可比性，比例越大，说明投资效果越好。计算公式为：

单位投资的污染物（实际）处理量 = 项目污染物实际处理量 ÷ 项目投资总额 ×100%

2. 投资完成率

该指标反映项目实际完成投资额占项目概算投资总额的比例，在项目实际完成投资额不超过概算的情况下，比例越大，说明投资效果越好。计算公式为：

投资完成率 = 项目实际投资总额 ÷ 项目概算投资总额 ×100%

3. 污染物处理能力利用率

该指标反映投资项目建成运营以后对污染物设计能力的利用程度，比例越大，说明投资效果越好。计算公式为：

污染物处理能力利用率 = 实际年度污染物处理量 ÷ 设计年度污染物处理量 ×100%

4. 项目质量优良品率

该指标反映投资项目建设的工程质量，比例越大，说明投资效果越好。计算公式为：

项目质量优良品率 = 各单项工程质量优良的数量 ÷ 全部单项工程的总数 ×100%

四、环境性的评价指标

1. 饮用水水质达标率

该指标反映从饮用水水源地中取得的水中，其地表水水源水质达到《地表水环境质量标准 GB3838－2002》Ⅲ类标准和地下水水源水质达到《地下水质量标准 GB/T14848－1993》Ⅲ类标准的水量占取水总量的百分比。计算公式为：

饮用水水质达标率＝各饮用水水源地取水水质达标量之和（万吨）÷各饮用水水源地取水量之和（万吨）×100%

2. 污染物减排率

该指标反映投资项目建成后污染物的减排效果，比例越大，说明水环境保护效果越好。计算公式为：

污染物减排率＝项目减少的水环境污染有害物质的排放量÷国家规定的有害物质的最大允许排放量×100%

3. 单位投资的水资源节约量

该指标反映投资项目所带来的水资源的节约情况，比例越大，说明水环境保护效果越好。计算公式为：

单位投资的水资源节约量＝项目建成后水资源的节约量÷项目投资总额×100%

4. 居民满意度

居民改善度的计算可以采用态度量化方法，运用李克量表，即分别对五级态度“很满意、满意、一般、不满意、很不满意”赋值“5、4、3、2、1”（或相反顺序），由受访者打分后再进行计算。

5. 生态改善度

生态改善度主要评价投资项目建成后对周边生态环境（包括动植物以及生物多样性等）的改善情况，主要采用定性和定量相结合的评价方法测度。

第三节　指标体系框架

一、指标权重计算

明确各级指标以后，需要确定各指标的重要程度，以及每个指标在指标体系中的权重情况。确定权重的方法有很多，比较常用的权重计算方法是系统工程理论中的层次分析法（Analytic Hierarchy Process，AHP）。

层次分析法是由美国运筹学家 T. L. 萨蒂于 20 世纪 70 年代首先提出的一种多层次权重分析决策方法，是解决复杂系统中多层次、多目标系统评价的常用方法之一。它综合运用定性分析和定量分析，并将与决策有关的元素分解为目标层、指标层、分指标层等多个层次。其基本原理是：首先将决策元素划分为多个层次，依据各个层次之间的相互关系，形成一个递阶有序的层次结构模型；根据每一层次各个分解指标的重要性赋予权重，构造判断矩阵；将同一层次的各个指标进行两两比较，确定相对于上一层次指标的权重；最后确定相对于总目标的重要性。具体实施步骤如图 6－2 所示。

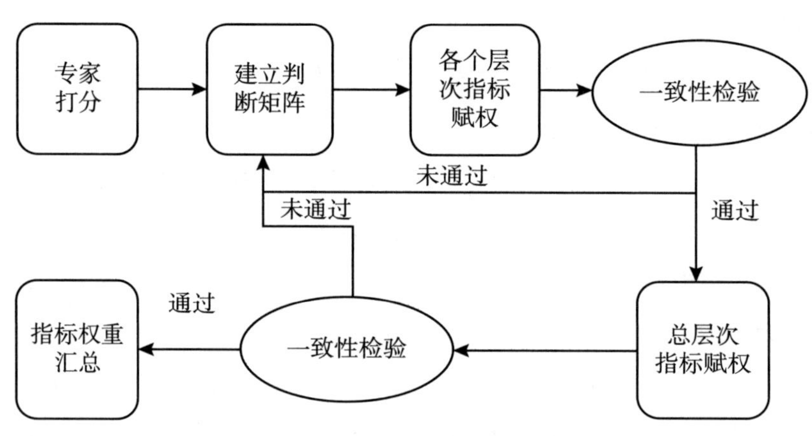

图 6－2　层次分析法步骤

1. 进行专家打分

为了完成专家打分，对政府机关、会计师事务所和企业的审计人员，高校从事审计研究的学者以及环境行业的专家进行了问卷调查。共发放专家调查问卷 30 份，回收 25 份，有效问卷 25 份，有效回收率 83%。为了让专家独立发表意见，一般是将事先准备好的调查表发送给他们，让他们分别填写，然后可得到表 6－1。

表 6 - 1　　专家调查表

专家	f_1	—	f_n
	ω_1	—	ω_n
1	ω_{11}	—	ω_{1n}
⋮	⋮		⋮
K	ω_{K1}	—	ω_{Kn}

表中 $\omega_j = \frac{1}{K}\sum_{i=1}^{K}\omega_{ij}$，j = 1，2，…，n，取各专家意见的算术平均值。

然后，计算每个专家的估计值与专家平均值的偏差。

$$\Delta\omega_{ij} = (\omega_{ij} - \omega_j),\ j = 1, 2, \cdots, n;\ i = 1, 2, \cdots, K$$

专家打分以后，根据打分整理的结果构造判断矩阵，检验一致性并进行指标权重的汇总。

2. 构造判断矩阵

对事物的系统分析是建立在一定的信息基础之上，层次分析法首先要了解人们对每一个层次中各个单元的相对重要性所给出的判断。一般情况下，是引入以数值为标度的判断矩阵，来判断各层次中每个单元的重要程度。通常将判断矩阵记为 U，见式（6.1）。

$$\begin{array}{c|cccc} U & U_1 & U_2 & \cdots & U_N \\ \hline U_1 & U_{11} & U_{12} & \cdots & U_{1n} \\ U_2 & U_{21} & U_{22} & \cdots & U_{2n} \\ \cdots & \cdots & \cdots & \cdots & \cdots \\ U_N & U_{n1} & U_{n2} & \cdots & U_{nn} \end{array} \tag{6.1}$$

在层次分析法中，为了能够量化同一层次中各指标的相对重要程度，一般情况下，通过采用 1 ~ 9 标度方法来判断各指标对同一层次的目标实现的重要程度。对不同情况的评价给予表 6 - 2 所示的数量标度。

表 6-2　　数量标度

标度	定义	说明
1	同样重要	两个元素对某一属性具有同样重要性
3	稍微重要	一个元素比另一个元素稍微重要
5	明显重要	一个元素比另一个元素明显重要
7	重要得多	一个元素的主导地位在实践中显示出来
9	极端重要	一个元素的主导地位占绝对重要地位
2，4，6，8	1，3，5，7，9 相邻判断的折中	没有达到 1，3，5，7，9 程度时折中的标度
上列各数的倒数	反比较	两个元素相比较，将其反向比较时的判断

根据历史数据资料、专家意见和分析人员的经验，可确定同一层次中各指标的相对重要程度。在确定各指标的相对重要程度之后，需要计算出这个代表各指标相对重要程度的矩阵的最大特征根，并对其进行一致性检验。因为这些指标的相对重要程度是主观推断出来的，不一定具有客观性，因此要通过一致性检验才能够说明其客观合理性。

3. 计算指标权重

根据上述判断矩阵，求出其最大特征根 λ_{max} 及其所对应的特征向量 w。方程如下：$P_w = \lambda_{max} * w$，所求特征向量 w 经归一化，即为各评价因素的重要性排序，也就是权重分配。

4. 一致性检验

以上得到的权重分配是否客观合理，需要对其进行一致性检验。检验公式：$CR = CI/RI$，$CI = (\lambda_{max} - n) \div (n - 1)$ 其中，CR 表示判断矩阵的随机一致性比率；CI 表示判断矩阵的一般一致性指标；RI 表示判断矩阵的平均随机一致性指标。1～9 阶的判断矩阵的 RI 值如表 6-3 所示。

表 6-3　　RI 值

N	1	2	3	4	5	6	7	8	9
RI	0	0	0.58	0.90	1.12	1.24	1.32	1.41	1.45

注：RI 的全称是 Random Index，即随机一致性指标。对于固定的 n，随机构造正互反阵 A′，然后计算 A′的一致性指标 CI = (lamda - n) ÷ (n - 1)。

一般情况下，当 CR < 0.1 时，该判断矩阵被认为具有较满意的一致性，即对其各指标的判断比较客观、合理。否则，就需要调整其判断矩阵。

通过对层次分析法的了解，结合专家打分的分析结果，计算水环境保护项目绩效评价指标的各层次权重。首先，计算第一层次相对于绩效性的权重，如表 6-4 所示。

表 6-4　　第一层次中四个指标的权重

指标名称	经济性	效率性	效果性	环境性
经济性	1	1/3	1/4	1/5
效率性	3	1	3/4	3/5
效果性	4	4/3	1	4/5
环境性	5	5/3	5/4	1
权重	0.0769	0.2308	0.3077	0.3846

其中，$\lambda_{max} = 4$；CI = 0；RI = 0.9；CR = 0 < 0.1，满足一致性检验。

运用同样方法，可以得到专家对指标体系中第二层次指标评价的权重结果，如表 6-5、表 6-6、表 6-7、表 6-8 所示。

表 6-5　　第二层次中经济性各子指标的权重

指标名称	项目支出节约（超支）率	资金损失浪费率	管理费用率	CR 值
权重	0.3368	0.3196	0.3436	0.0322

表 6-6　　第二层次中效率性各子指标的权重

指标名称	设备使用率	资金使用率	工期计划完成率	配套资金到位率	CR 值
权重	0.1830	0.1830	0.3170	0.3170	0.097

表 6-7　　第二层次中效果性各子指标的权重

指标名称	单位投资的污染物实际处理量	投资完成率	污染物处理能力利用率	项目质量优良品率	CR 值
权重	0.2453	0.1865	0.3229	0.2453	0.0543

表 6-8　　第二层次中环境性各子指标的权重

指标名称	饮用水水质达标率	污染物减排率	单位投资的水资源节约量	居民满意度	生态改善度	CR 值
权重	0.3243	0.3243	0.1622	0.1081	0.0811	0

二、指标体系框架

从上面指标体系的权重结果来看，专家的评价指标体系矩阵都通过了 CR 检验，可以使用。根据经济性、效率性、效果性、环境性的指标权重矩阵以及这四个属性内容的子指标权重矩阵，可以得出整个水环境保护投资项目绩效评价的指标体系框架，如图 6-3 所示。

最后，计算得到总排序权重矩阵的 CR = 0.038 < 0.1，通过一致性检验。

三、应用实施说明

在将上述指标体系运用于具体的水环境保护项目绩效评价时，需要注意以下几点。

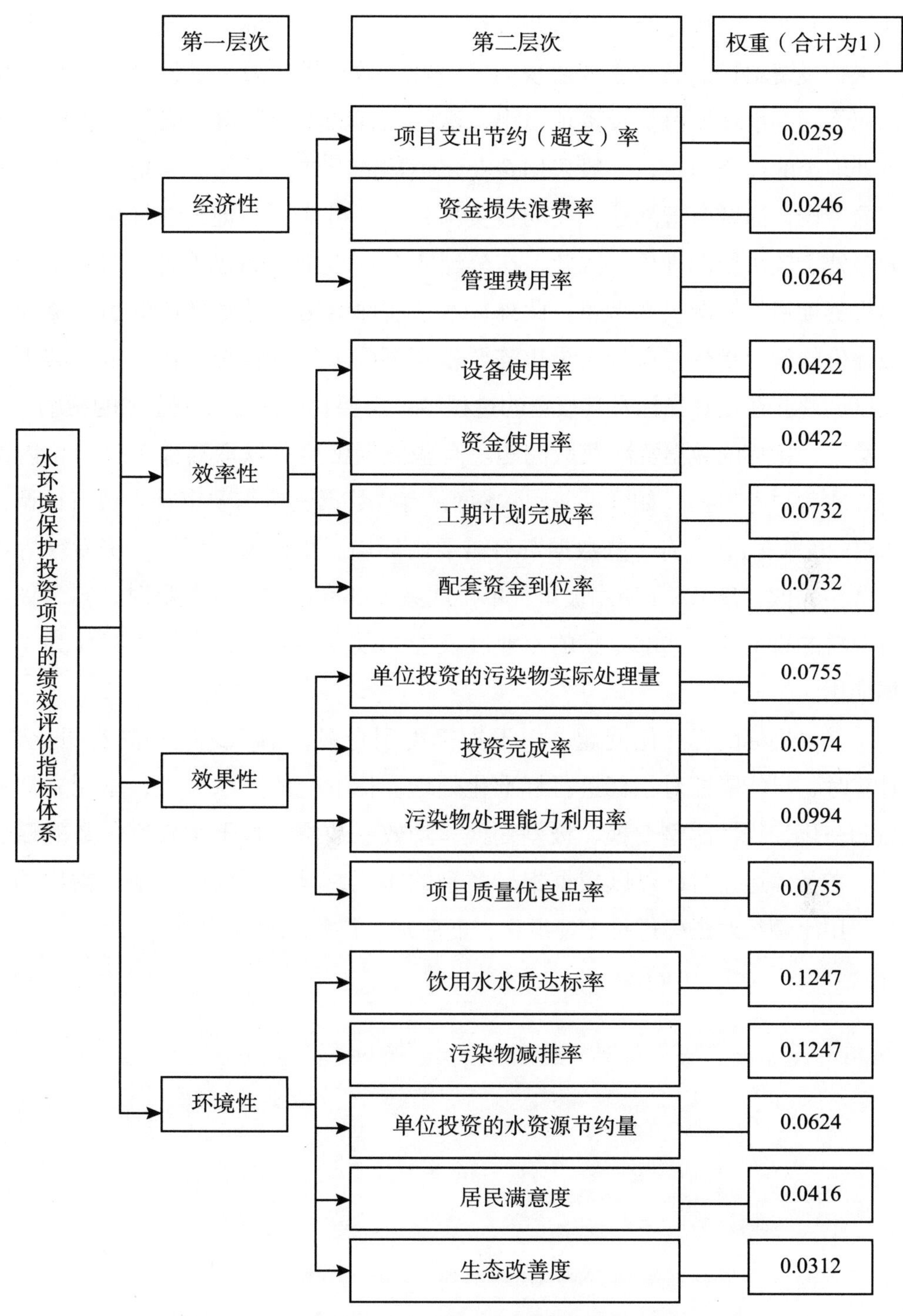

图 6－3　水环境保护投资项目的绩效评价指标体系

第一，结合项目情况进行灵活调整。水环境保护投资项目的绩效表现既有共性，也有个性。从评价指标体系来说，第一层次的指标一般是统一的，即水环境保护投资项目的绩效主要表现为经济性、效率性、效果性以及环境性。但是，在不同的水环境保护投资项目中，这些指标的重要程度会各不一致。例如污水处理类的投资项目，一般采用企业化运营的方式，可能更多地偏重于经济效益的考虑，而城市管网建设类的投资项目，则可能更多地关注环境效益，经济效益处于较次要的地位。因此，在分配四个一级指标的权重时，需要结合各具体投资项目的情况灵活调整。此外，本章前面给出的是水环境保护投资项目绩效评价的常用指标，审计人员也需要根据不同项目的情况，在基本框架下进行适度调整。在设计指标及其权重的过程中，需要利用外部环境专家的帮助。

第二，指标的数据资料获取问题。有些数据资料可以取自被审计单位内部的统计或者财务数据（如管理费用数额），有些数据资料需要审计人员自行调查（如居民满意度），还有一些数据资料需要由环境工程专家、环境经济专家等提供（如生态改善度）。在使用被审计单位或者外部专家提供的数据时，需要评价数据资料的真实性、外部专家的专业胜任能力以及独立性，方能将其作为审计证据使用。

第三，指标的标准化问题。由于指标类别众多，指标之间不具有可比性，在计算时，可能需要对指标进行标准化处理。标准化的方法较多，常用方法有向量归一化、线性比例变换、极差变换、功效系数法、基于隶属度函数的赋值法等。在具体运用时，可以根据指标类别的不同，采用不同的方法。常用的方法是利用比例法对指标进行无量纲化，而后加权得到综合评价值。

第七章
水环境审计的政策建议

第三章的系统科学理论指出，系统演进过程中存在大量导致无序的正熵，主要源于三个方面。环境熵，是指系统面临的外部环境复杂多变，加上有限理性，认识和预测环境变化的手段与知识有限等原因促使系统正熵增加。结构熵，是指系统结构缺乏柔性，导致系统应变能力低下而产生正熵。协调熵，是指技术方法的不完善和制度变迁的滞后而产生的正熵。这为探讨如何推动我国水环境审计从无序走向有序提供了一种新的视角。本章准备在综合前面各章研究结论的基础上，着重从社会环境、管理模式、技术协调三个方面提出推动我国水环境审计未来发展的战略思路和政策建议。

第一节　水环境审计外部环境的优化思路

单凭审计监督的一己之力，难以从根本上缓解我国的水环境危机问题。还要在下列方面进行改革和创新，以配合水环境审计的有效实施，最终维护国家生态安全和公民环境权利。

一、改善水环境管理的制度安排

尽管近年来在一些城市出现了将众多涉水机构合并为更加统一的水务局以及将政府所有水务企业公司化的趋势，但中国的水环境管理体制在纵向和横向上仍然比较分散，目前的水环境管理架构如图 7 – 1 所示。

在图 7 – 1 所示的系统中，由于不同部门之间的职责划分并不十分清晰，机构职能存在交叉重叠甚至相互冲突。这在一定程度上导致部门协调的行政成本增加，影响水环境管理的有效性。建议进行以下三方面的改进。

一是加强现有机构之间的协调。由于水环境涉及许多利益相关方，即使在实行综合管理的国家，也有多个机构参与水环境的管理。例如，在美国，有 17 个不同机构涉及地下水管理。在中国，鉴于多级政府参与水环境的管理，每级政

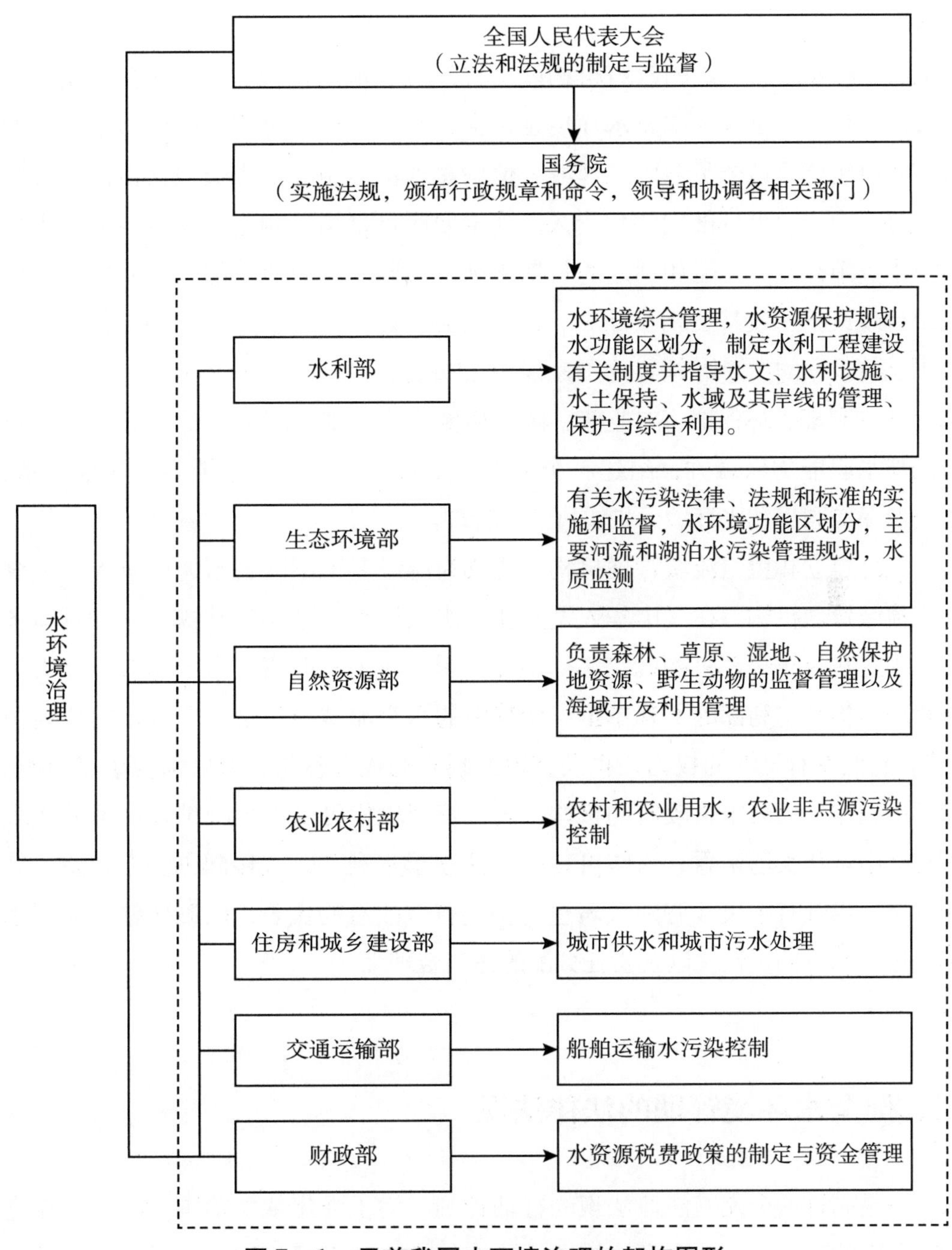

图 7－1　目前我国水环境治理的架构图形

府又有多个机构参与其中，所以短期内更加有效与可行的措施是，通过建立适当的机制以加强机构之间的协调。强制要求部门间信息共享、在制定相关政策和计划时实行交叉评议和会签制度并且共同制定政策等，都是这种协调机制的内容。

二是改革国家一级的政府机构以实行综合的水环境管理。有两种方案可供选择。一种方案是成立国家水环境委员会，作为指导和协调全国性涉水事务的最高政府机构。该委员会由总理或一位副总理担任领导，成员包括目前涉及水环境管理中的中央各部门的负责人。其主要职责是指导制定国家水战略，审批关于水资源开发、分配和利用的长期规划，协调所有的涉水部门以避免各个部门出台政策不一致甚至相互冲突。该委员会是负责制定水政策的高层机构，类似于之前设立的由总理领导的国家能源委员会。另外一种方案是将目前由不同部门（水利部、环保部、农业部、住房和城乡建设部、国土资源部等）分别负责的涉水职能加以合并，组建一个大部，以对水量和水质、地表水和地下水、水资源保护利用和水环境保护实行统一管理。

三是建立和重组流域管理机构。建议为流经多个不同省市的所有大河大湖建立流域管理机构。在《中华人民共和国水法》和其他法律法规中增加具体条款，为这些流域管理机构确定法律地位、明确权力和职责。中国现有的七大流域管理机构是水利部的下属单位，而其中的六个流域委员会并非真正的“委员会”，它们没有足够的权力，也没有地方政府的代表参与，所以需要予以重组。短期内，作为代表中央政府的机构，流域管理机构可以考虑吸纳环保部的代表参与其中。从长远来看，这些机构应当独立于水利部，直接向国务院负责。其领导层应当既有中央政府的代表也有相关省市政府的代表，以确保整个流域水环境管理的可问责性，以及责任分配的适当合理性。

二、健全水环境管理的法律法规

一是制订一个完善法律法规的行动计划。为了强化依法治国，我国正在进行大范围的改革。完善水环境管理法律框架的行动需要与这一全面改革的进程相适应。尽管在短期内建成完善的法律框架并不现实，但应制定一个改善法律环境的总体规划或者路线图。在短期内，工作重点应该放在加强与水相关的不同的法律法规的整合协调上，特别是《中华人民共和国水法》与《中华人民共和国水污染防治法》《中华人民共和国环境保护法》的相互衔接和协调，以避免矛盾和冲突。从长远来看，应该致力于构建一套综合性的水环境管理法律体系，以涵盖水环境管理方面的法律空白。

二是修订和完善现有与水相关的法律法规。由于现有法律法规不够明确甚至相互矛盾，各级人大需要对现有法律法规进行认真审查。在修订过程中，考虑法律法规的实施问题和水环境的综合管理问题。就《中华人民共和国水法》而言，需要更加明确地界定水利部、环保部、流域管理机构以及地方相关机构等不同行政机构的权限、责任间的协调机制。还需要明确这些组织机构之间的关系，明确流域管理机构的地位、职责、运行机制和程序，并要求在流域层面建立一种利益相关方参与的机制。此外，还要对其他与水相关的法律法规进行修订，使之与《中华人民共和国水法》以及新修订的《中华人民共和国水污染防治法》《中华人民共和国环境保护法》保持一致。

三是为建立有地方政府积极参与的流域管理机构提供法律法规基础。需要以法律的形式，最好是在基本法律中，规定流域管理机构在水资源规划、配置和开发过程中的职能。由于地方政府在水环境管理中发挥着重要作用，需要在法律中规定它们作为流域管理机构成员参与水环境规划的编制和实施。当然，制定这样的法律或法律条款可能需要一段时间，我国应开始可行性研究并在一些地方进行试点。在此过程中，考察其他国家在流域立法和管理方面的经验是有益的。

三、促使社会公众参与水环境监督

首先，政府需要致力于促进公众参与并逐步采取相应措施。把公众参与作为政府水环境管理行动（从计划和政策的制定到政策执行、开展教育）的一个重要组成部分而广泛推行。应强调，鼓励公众参与公共事务与我国构建更加民主的和谐社会的长远目标是一致的。鉴于目前公众参与的意识与能力比较弱，我国应制订一个逐步促进公众参与的行动计划。现阶段，需要促进公众参与水环境管理的现有政策的实施，吸引专家的参与，扩大公众在与其生活直接相关的水环境问题方面的参与度。

其次，为公众参与建立强有力的法制基础。需要在相关法律中强调公众的参与权，真正授权于民。在诸如《中华人民共和国水法》《中华人民共和国环境保护法》等法律中，增加相关条款，明确赋予公众参与水环境管理的权利。保护公众应享有的三项权利，包括知情权、参与决策权以及对政府和企业有关水决策、水行为、水信息的质询权。需要对公众参与的形式、步骤和程序作具体而详细的规定，以避免在实际执行中有意或者无意的歪曲。还需要制定相关的法律条款，就针对实践中违背上述三项法定权利的行为提请行政复议、法律起诉或进行行政处罚，作出规定。

最后，让公众加入水环境管理机构。如前面所建议的那样，需要在各主要流域建立流域一级、具有广泛代表性的水环境管理机构。从长远来看，该机构的成员不仅应进一步扩大到中央和地方政府机构，还应扩大到广泛的利益相关者代表，包括供水者、水用户和一般公众代表等。现阶段，为了促进水用户的参与，可以鼓励和支持成立水用户协会等社会组织，促使他们更加积极地参与水环境的管理和监督。

四、确保水环境审计的结果公开

公开水环境审计的结果是优化水环境审计外部社会环境的重要手段之一。一方面有助于披露被审计单位存在的违纪违规、水环境管理不当等问题，促使被审计单位接受公众和舆论监督，针对问题积极整改。另一方面也有助于提升水环境审计项目的质量水平，将审计人员遵守职业道德和审计廉政纪律的情况，全部告知于社会，主动置于各级人大、党委、政府、政协、被审计单位、社会公众、新闻舆论的监督之下。

公开水环境审计结果时，应注重遵循以下两项原则。

参与性的原则。在参与对象上，要积极争取各级党委、人大、政府、政协、民主党派和人民群众的积极参与，扩大水环境审计影响面，大力营造关注水环境审计、理解水环境审计、支持水环境审计的社会环境。在参与方式上，着重三个方面：一是借助人大监督以及政府督查的合力，解决审计执法难问题。二是积极开展举报式审计。树立“民本审计观”，关注民情民生，以方便群众为原则，加强与群众的联系，积极提供服务。要认真开展审计信访工作，落实首问责任制、限时办结制等，在群众来信来访中发掘案件线索，做到及时办理，有问必复。三是加大法制宣传力度，通过聘请义务监督员、发放廉政反馈卡、推行审前公示制、举办法制宣传活动等形式，向群众广泛宣传审计职能、审计程序、廉政纪律等知识，发动群众参与和协助水环境审计，及时发现和解决审计机关自身存在的问题。

务实性的原则。一是在审计结果公开的方式和范围上，区别不同审计项目，选择适当的公开方式，在本级政府网站、政府公报、新闻媒体、新闻发布会、被审计单位群众大会等不同媒体和场合予以公布，分层次满足群众的信息需求。二是注重公开的时效性。目前，审计公告遵循严格的审批程序，必须在正式审计报告文书形成以后，由审计机关、政府层层把关，逐级审核，确保公告质量经得起公众检验。当然，这在防范审计风险的同时，也给审计公告的时效性带来一定影响。因而审计人员需要在高质量与时效性之间保持平衡。

第二节　水环境审计监督制度的总体设计

需要建立健全我国水环境审计的监督制度，形成政府审计机关、内部审计部门和会计师事务所等社会审计组织“三位一体”的水环境审计监督制度，以实现联动、立体的水环境审计监督网络。

一、水环境审计监督制度的总体架构

1. 各审计主体之间的“三位一体”监督制度

目前，我国水环境审计主体是典型的政府主导型，内部审计部门和社会审计组织参与程度较低。由于审计机关人员有限，较少涉及事前监督，难以拓展水环境审计的范围，不足以确保环保监督工作的力度，而社会审计组织独立、客观、公正、专业性的特点也没有得到充分发挥。鉴于水环境审计业务范围的

日益扩大和全社会对水环境问题的重视以及政府审计机关的力量有限，我国应拓展水环境审计主体，创造有利条件，大力引导内部审计部门以及会计师事务所等社会审计组织积极参与水环境审计工作。

建议未来逐步构建政府审计机关、内部审计部门和会计师事务所“三位一体”的水环境审计监督制度，形成联动、立体的水环境审计监督网络。如图7－2所示。

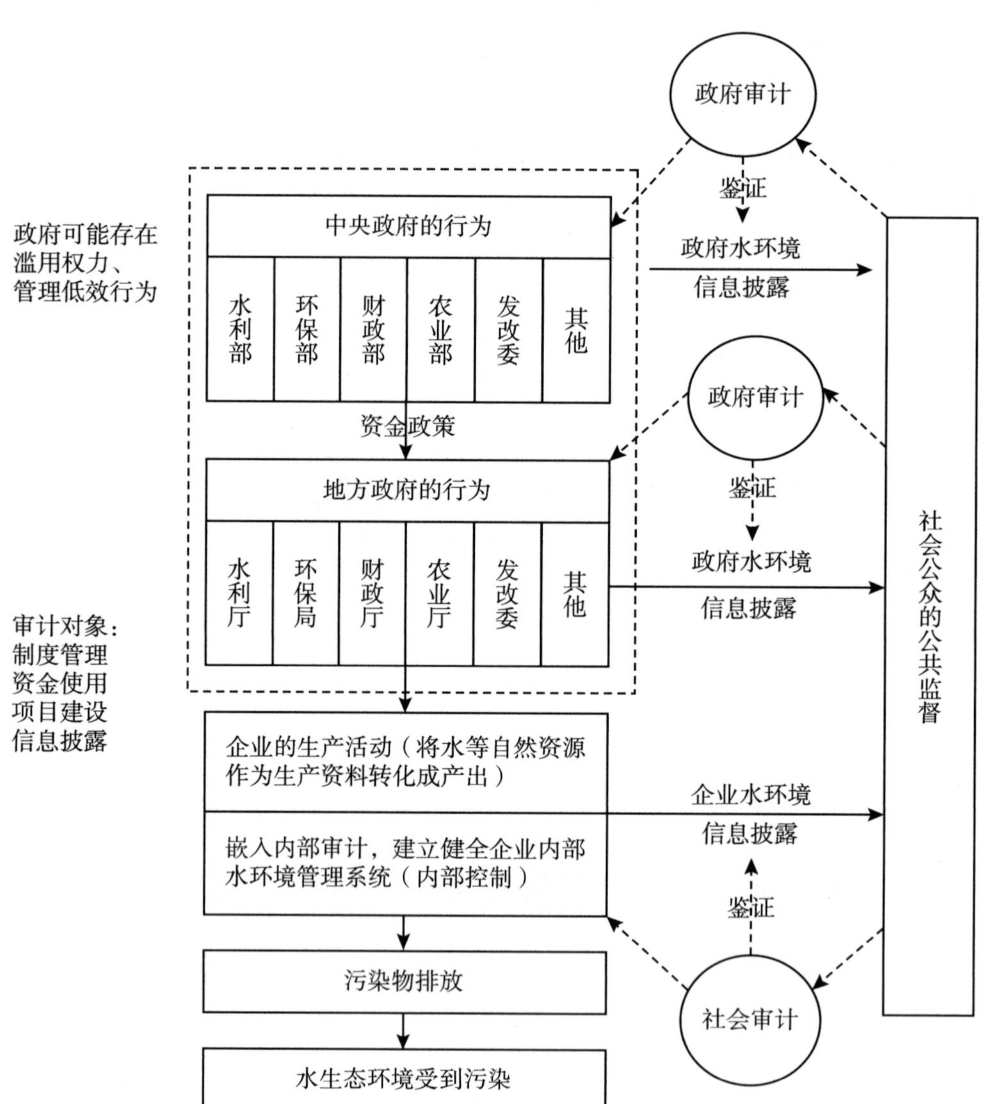

图7－2　水环境治理框架下的审计监督制度图

在图7－2中，未来政府审计机关应当侧重于监督政府部门水环境管理的行为，通过审查有关水环境的制度、资金、项目和信息，以防止、发现或纠正可能存在的滥用职权、管理低效率的行为。同时，通过鉴证政府对外披露的水环境信息的可靠性，促使其恰当履行对社会公众的受托环保责任。会计师事务所等社会审计组织的监督对象是企业，侧重于鉴证消耗自然资源的企业对外公布的有关水环境使用、维护等方面信息的可靠性，施加外部压力，以促使企业履行其作为企业公民应尽的社会责任义务。内部审计部门则是侧重于在企业内部，帮助企业建立健全和维护旨在履行社会责任的内部控制（参见《企业内部控制应用指引第6号——社会责任》），激发其自身活力，以实现企业绿色利润、绿色发展等经营目标。三者各司其职，协调配合，共同作用于国家水环境管理工作，以保护公民水环境权利、维护国家生态安全，充分发挥审计监督在维护国家经济安全免疫系统的功能。

2. 审计主体与其他部门协调配合的联动机制

由于水环境的特殊性，水环境管理的参与部门往往不止一个，所以各方应建立合作机制。这种合作机制不仅指不同审计主体之间的合作，还包括审计主体与其他水环境管理部门的合作。在水环境审计中，可以审计组织为主导，环保、水务、执法等其他部门予以辅助配合，如图7－3所示（以审计机关做监督主体为例）。

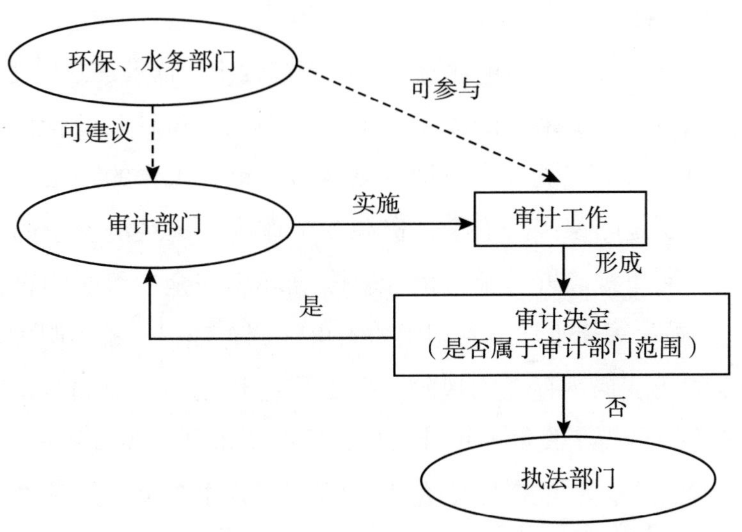

图7－3　审计主体与其他部门协调配合的联动机制图

首先，各部门之间具有独立性。审计部门、环保部门、水务部门、执法部门彼此互不干涉，不存在越权管理，但并不影响其合作。

其次，审计部门主持水环境审计工作。审计部门应是水环境审计的主角，主持整个水环境审计的开展，并对审计结果独立承担责任。

再次，环保部门、水务部门等可提供建议或者人力、技术、设备支持。一方面，环保部门、水务部门等可针对重点问题，提请审计部门开展审计工作；另一方面，当审计部门缺乏相关经验和技术时，环保部门、水务部门等可借调人员参与审计工作，也可提供技术、设备等方面的支持。

最后，执法部门提供法律支持。根据规定，被审计单位或者被调查单位违反国家规定的财政收支、财务收支行为，依法应当由审计机关进行处理处罚的，审计组应当起草审计决定书。对依法应当由其他有关部门纠正、处理处罚或者追究有关责任人员责任的事项，审计组应当起草审计移送处理书①。因此在开展水环境审计时，对于被审计单位的违规、违法行为，在审计部门职责范围之内的，审计机关应当出具审计决定书，超出审计部门职责范围的，出具审计移送处理书，移交执法机关处理。

二、水环境审计监督制度的实施路径

在构建和实施上述水环境审计监督制度的过程中，需要注意以下几点。

一是着眼宏观，注重维护国家生态安全。刘家义审计长曾指出，现代审计作为国家的免疫系统，有责任更早地感受风险。审计工作的一项基本职能是维护国家安全，特别是国家经济安全，资源安全作为国家经济安全的一个重要组成部分，理应得到重视。近年来，审计署围绕环境安全，组织的农村安全饮水审计、“三江三湖”等与水环境密切相关的审计调查项目，都着眼宏观，从维护国家生态安全的角度揭示存在的风险，提出防范和化解风险的对策性建议，切实维护国家安全，取得了良好的审计效果，发挥了审计“免疫系统”功能。

二是从资金入手，注重查处重大违法问题。关注资金永远是审计的出发点和切入点。随着我国经济发展引发的水环境问题日益严重，近几年水环境保护

① 中华人民共和国审计准则（审计署第 8 号令）的规定。

方面的财政投入逐年快速递增，重大违法违纪问题也随之增加，审计署在水环境审计等方面也发现了一些重大违法违规问题。

三是分阶段推进水环境审计工作。水环境审计可以分为直接相关项目（如专项保护资金）和间接相关项目（如可能引起水环境后果的项目或活动）。根据我国水环境审计的现实基础，目前较合适的切入点是围绕水环境保护专项资金或建设项目开展直接相关的审计或审计调查。同时，以金额大小、项目规模或社会影响为标准，遴选大型项目开展水环境审计，逐步推广。

四是未来应当侧重水环境绩效方面的评价和监督。鉴于我国审计组织资源和能力的限制，绩效审计不可能一步到位。目前宜实施包含合规审计和绩效审计在内的综合审计。以政府投入资金为审计的切入点，在合规性审查的基础上，重点分析政策、制度的合理性，评价水环境保护资金的效益性和水环境保护政策目标的实现情况，提出完善政策、制度和加强管理的建议。在监督被审计单位公共资金使用绩效的同时，也要注意审计主体自身的绩效管理，发挥表率示范作用。

五是努力克服制约水环境审计的障碍。水环境审计面临诸多内外部因素的制约。未来，在审计系统的内部，可以考虑加强审计人员的培训，提升业务素质；密切与国外审计组织的沟通，学习先进经验；采用国内外权威组织制定的环保标准，客观评价被审计单位的水环境保护绩效。在审计系统的外部，向政府有关部门提出建设性意见，呼吁建立健全水环境监控和报告系统，完善政府的水环境保护政策；建议立法部门进一步明确审计机关在水环境审计方面的职能权限，例如将水环境审计明确写入《审计法》《国家审计基本准则》等。

六是切实保障水环境审计成果的落实。审计人员反映，审计工作发现问题以后，上报相关部门和政府领导，有时得不到回应，没有下文。这与我国目前的审计监督制度有关。地方审计机关受本级地方政府和上级审计机关双重领导，而且人事任免以地方领导为主，水环境问题重视与否与当地政府领导有直接关系，导致审计工作很难开展。在现行审计制度框架下，积极推动领导干部考核与水环境审计结果相挂钩，成为对领导干部进行提拔、绩效评价的重要依据，实行领导干部水资源资产离任审计制度。

七是关注国际背景下水环境审计的合作问题研究。水环境问题至关重要，不仅影响国内经济可持续发展、社会稳定和公民环境权利的保护，还深刻影响着一个现代国家的外交策略与国际形象。在此背景下，应当尤为关注水环境审计的国际合作问题。合理设计我国水环境审计双边、多边以及全球化国际合作的长远战略规划和分步推进路径，为我国“有理、有节、有利”地开展环境外交、维护良好国际形象提供新支点和新亮点，以帮助我国政府在全球复杂多变的利益格局中，做到既维护本国利益又展现出负责任大国的气度与风范。

第三节　水环境审计技术水平的提升建议

一、制定水环境审计的操作指南

制定水环境审计的操作指南，对于指导审计人员具体开展水环境审计工作、确保水环境审计的质量而言十分重要。在广泛收集、翻译、整理多份国外水环境审计指南或手册，包括 INTOSAI 的水环境审计指南、美国 2011 年版政府审计准则、英国政府绩效审计手册、亚审组织效益审计指南等资料的基础上，设计水环境审计指南的总体框架，如图 7－4 所示。该结构框架与国际先进实务保持一致，可基本实现国际趋同。

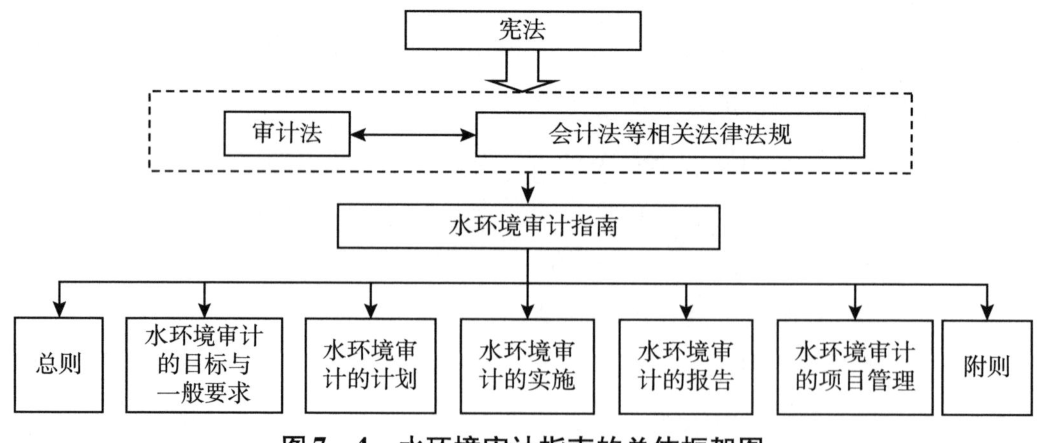

图 7－4　水环境审计指南的总体框架图

在制定水环境审计指南时，需要注意把握以下几个问题。

1. 水环境审计指南的定位

与常规的报表审计相比，水环境审计的对象千差万别，需要审计人员具备灵活性、想象力和高水平的分析能力。固定的程序、方法和标准可能妨碍水环境审计的实施。因此，现阶段首先需要的是撰写适合于通用目的的指南文件，从总体上给出水环境审计的一般要求、常规程序、报告格式等。同时，在指南的“总则”中，需要指出，“本指南仅为审计人员实施水环境审计提供方法论和工作框架，将随着水环境审计理论和实践的发展而不断完善”，为审计人员灵活运用指南、未来修订指南提供空间。

2. 水环境审计的目标

为了与审计署发布的《国家审计准则》相衔接，可以考虑将水环境审计的目标分为三个层次，即总体目标、一般目标和具体目标。其中，水环境审计的总体目标是通过评价、监督相关政府部门和企业，促使其恰当履行其受托环保责任，从而实现保护国家利益和公民环保权利的目的。水环境审计的一般目标，由水环境审计的内容决定，为所有的水环境审计所共有，体现着水环境审计的普遍性。通常包括评价财政收支、财务收支以及有关经济活动的真实性、经济性、效率性、效果性和环境性等。水环境审计的具体目标，是一般目标在特定社会政治经济环境下的具体化，反映着水环境审计业务的个性或特殊性。不同的水环境审计业务具有不同的审计对象和具体的审计目标。

3. 水环境审计的一般要求

水环境审计的一般要求应当包括四个方面的内容：一是独立、客观和公正；二是有效性、职业谨慎态度；三是专业胜任能力；四是对利用专家工作的考虑。

（1）独立、客观和公正。

审计人员应当恪守正直坦诚、客观公正、勤勉尽责、保守秘密的基本职业道德原则，积极维护国家利益和公共利益，坚持原则、不屈从于外部压力，不隐瞒审计发现的问题，不歪曲审计结论。

（2）有效性、职业谨慎态度。

审计人员应当被有效组织和实施水环境审计项目，以满足良好的项目管理要求。

在实施水环境审计工作中，审计人员需要勤勉尽责，获取相关、可靠和充分的证据，使得其他人能够得出与水环境审计报告相近的结论。这就要求审计人员在制定审计目标，决定审计对象、审计方法、审计范围、需要报告的问题和总体审计结论时，恪守职业谨慎态度，作出合理的专业判断。

（3）专业胜任能力。

水环境审计需要具备特殊的专业技能。审计人员必须经过良好的教育，一般要求其有大学学历和调查评估方面的工作经验。突出的个人品质，例如良好的分析能力、创新能力、接受能力、社交技巧、诚实公正、判断力、承受能力、口头表达和书面沟通能力等，也非常重要。

此外，实施水环境审计工作的审计人员还需要接受社会科学以及调查评估方法方面的良好教育。与常规的报表审计不同，在水环境审计或项目评估过程中，审计人员并不一定需要精湛的会计或财务审计技术。审计组织应当制定程序确保员工通过继续教育和培训保持专业胜任能力，以满足审计准则规定的素质要求。

（4）对利用专家工作的考虑。

水环境审计的专业性、技术性较高，通常需要利用专家的工作。在利用专家的工作之前，审计人员应当确保专家具有实现审计目标所需的专业胜任能力。所需的专家是在审计以外的某一特殊领域拥有专门技能、知识和经验的单位或个人。审计人员必须确保专家独立于被审计活动或项目，并将所需的条件和道德规范告知专家。需要注意的是，尽管审计人员可以利用专家的工作成果作为证据，但仍应对水环境审计报告中的结论承担全部责任。

4. 水环境审计的计划

水环境审计工作需要制订中长期战略计划和年度审计计划。中长期水环境审计战略计划的内容需要包括：①国家治理、公共管理的高风险领域；②今后2～3年内拟实施的水环境审计项目清单和选择这些项目的依据，以及可能的执行时间。

在中长期水环境审计战略计划的框架下，审计人员可以借助以下标准选择年度审计计划中的水环境审计项目：①增加的价值（含生态效益和社会效益）；②环境保护资金量；③水环境项目的重要性；④社会公众的关注度；⑤被审计单位内部缺乏良好管理的风险；⑥以前的审计覆盖情况。

（1）增加的价值（含生态效益和社会效益）。

在选择水环境审计项目时，考虑审计项目所能带来的价值增值尤为重要，应当优先考虑那些同时包含生态效益和社会效益的审计项目。在战略计划阶段需要对潜在的审计收益进行初步评估。

（2）环境保护资金量。

水环境审计，通常以资金审计为切入点。在选择水环境审计项目时，需要重点考虑的是相关资金量的大小。涉及的财政收支或财务收支金额越大，审计项目被选中的可能性就越高。此外，水环境保护资金的来源渠道相对较多，资金项目分散，审计人员除通过财政部门了解财政投入以外，还应通过环保部门的环境统计数据、环境监测等业务数据，对相关的资金量进行一定的了解。如果有国家或地方的水污染防治等规划，还可通过规划项目了解资金的投入规模。

（3）水环境项目的重要性。

水环境项目的重要性，是指水环境在当地经济社会发展中的重要作用。通常需要考虑的是流域对周边居民饮用水安全的影响，流域水污染防治工作对当地产业结构调整、企业水污染物减排所造成的压力，地方经济增长对水环境的依赖，该地区是否为重要的自然保护区等。

（4）社会公众的关注度。

随着公民环境权利意识的增强，社会公众对水环境问题的关注度成为审计人员遴选水环境审计项目的一个重要参考依据。一般而言，社会公众普遍关心的流域治理问题、饮用水安全问题、污水处理设施建设问题、水环境管理问题，以及是否因水环境问题导致群体性事件等都是需要特别考虑的因素。

（5）被审计单位内部缺乏良好管理的风险。

被审计单位内部阻碍良好管理的风险，是指那些可能导致被审计单位的管理活动在经济性、效率性和效果性上有所欠缺的各种风险，例如过于频繁的人员调动、严重的经费不足或透支、各利益相关方之间责任重叠或职责不清等。

（6）以前的审计覆盖情况。

审计覆盖范围不仅指审计组织以前进行的审计工作的范围，还包括其他的独立审查覆盖的范围。这些审查可能是由内部审计部门、外部顾问或政府监管部门执行的，还可能包括被审计单位曾经接受过的项目评估。如果在过去两年内未接受过深入的审查，则被审计单位包括在审计覆盖范围内的可能性就越大。

5. 水环境审计的实施

水环境审计的工作思路可以概括为以下步骤，如图 7 – 5 所示。

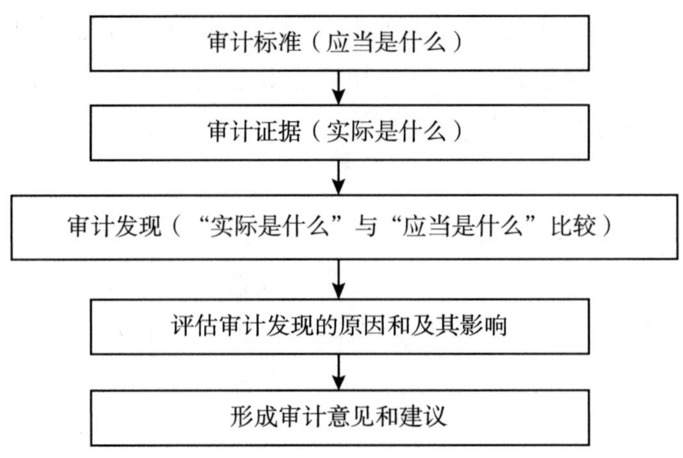

图7－5　水环境审计的工作思路

（1）明确水环境审计的标准。

本书第五章已经指出，在目前我国水环境审计的实践中，缺乏明确清晰的评价标准，易于造成审计结论的偏差。与常规的报表审计相比，水环境审计的标准不易确定，是水环境审计工作的重点和难点。水环境审计的评价标准实际上是对审计目标的注解、转化和展开，使之变成可以取证和衡量的各项定量和定性指标体系。与前述水环境审计的目标相对应，水环境审计的评价标准也应当是一个分层次的体系。一般标准可以分为经济性标准、效率性标准、效果性标准和环境性标准。鉴于水环境审计的个案性，水环境审计评价的具体标准则各有不同，需要合理运用职业判断以恰当地选择和使用。另外，水环境审计标准需要在审计业务的初期予以确定，作为与被审计单位日后沟通、良好合作的基础。有关水环境审计评价标准的来源以及确定原则，详见本书第三章。

（2）获取水环境审计的证据。

有关水环境审计证据的收集方法以及评价方法，将在后面详细阐述。

（3）确定水环境审计的发现。

将审计所观察到的情况与审计标准进行对比可以得到审计发现。审计发现的获得和评价需要贯穿水环境审计的全部阶段。计划阶段或初步调查阶段所确定的潜在审计发现应当在审计的详细检查阶段予以追踪。

（4）评估水环境审计的发现。

审计发现一经确定，审计人员就要进行评估，包括审计发现的重要性以及形成原因（绩效增加或者低于预期水平的原因）。审计发现的详细评估一般在撰写审计工作底稿或审计外勤工作快结束时完成。但是，如果发现了新的审计证据或者存在质疑，则需要将审计发现的评估延伸至最终的报告阶段。

审计发现的影响在许多情形下都可以得到量化。例如，水环境保护资金的投入和污水处理设施的成本都可以进行估计。水环境管理低效率的影响，例如设备闲置或者管理不善，也可以表现在延误时间以及资源浪费等方面。此外，某些定性的影响，例如，缺乏控制、决策失误或者对环境外交的影响，可能也是重大的，同样需要加以确定。

（5）提出水环境审计的意见建议。

审计人员需要依据审计发现，提出相应的审计意见和建议，包括针对审计发现的影响提出纠正措施。如果影响已经发生或者正在发生，审计人员应当确定，目前是否已采取补救措施防止其再次发生。如果相关的影响尚不能容易地确定，审计人员则可能需要推断其对未来水环境政策、管理等方面的潜在影响。

6. 水环境审计的报告

与常规的报表审计相比，水环境审计报告具有以下特点：（1）审计结论的非强制性，通常以讨论、说服性的语言来表达意见，供被审计单位参考；（2）审计意见的建设性，除对项目情况进行评价以外，核心是针对被审计单位存在的问题，深入分析原因，提出切实可行的意见和建议，通常不包括处理处罚意见；（3）详式报告形式，需要用较为详细的文字描述被审计单位的现状、审计目标、评价标准、存在的问题和改进建议等；（4）无固定格式，水环境审计的对象复杂多样，审计报告的写法和内容应各不相同。

一份完整的水环境审计报告，需要包括这些基本要素：（1）审计依据，即实施水环境审计所依据的法律法规的具体规定；（2）实施水环境审计的基本情况，一般包括审计目标、范围、内容、方式、实施的起止时间和遵守指南情况的说明；（3）被审计单位的管理责任以及审计人员的审计责任；（4）被审计单位的基本情况，说明与审计目标有关的被审计单位背景信息；（5）水环境审计的评价标准；（6）审计发现的重要问题的事实、原因、后果，以及提出的改进建议；（7）审计发现的相关内部控制、信息系统重大缺陷，以及提出的改进建议；（8）水环境审计评价结论和意见，即根据不同的审计目标，以适当、充分的审计证据为基础发表的评价意见；（9）水环境审计过程中发现的被审计单位违反国家规定的财政收支、财务收支行为的事实、定性、处理处罚意见以及法律法规依据。

7. 水环境审计的项目管理

作为监督被审计单位的监督者，审计组织及其人员更应当实施科学的审计项目管理，以提升自身工作的绩效、发挥表率示范作用。在这一部分中，可以规定审计资源的合理配置等问题，如人力资源、审计时间、技术装备、审计经费的安排。为确保在规定时间和成本预算内提交审计报告，审计人员可采用以下项目管理工具和措施：（1）将提交审计报告的准确时间提前告知审计组全体成员；（2）设定且告知主要审计事项的完成时间，如现场审计各项主要工作的完成时间；（3）运用甘特图、资源柱状图、网络分析图等电子化监控工具，及时跟踪预警；（4）定期审核已发生的审计费用和整个审计期间可能发生的费用；（5）定期召开会议检查工作进程，一旦发现存在不能在规定时间和预算内完成规定任务的风险时，立即采取应对措施；（6）根据审计档案管理的规定，制定项目文件（包括纸质和电子）的具体管理办法。

考虑到水环境审计将较多的采用合作审计的组织方式，本章后面将详细阐述信息化条件下水环境的统一组织审计项目管理模式。

二、创新水环境审计的技术方法

1. 水环境审计证据的收集方法

传统审计程序包括检查、监盘、观察、查询、函证、计算和分析程序等。在水环境审计中，需要注意这些方法的特殊运用。下面举例说明。

检查有形资产。它与原来的“监盘”有着不同的内涵，不仅要检查实物资产的数量，更要检查其存在状态。水环境审计中，检查有形资产主要是检查用于开发、保护水环境的各种设施、设备数量上是否满足要求，运转是否良好。

观察。就是现场观察水环境状况是否良好，采取的有关措施、手段是否产生了效果，以及被审计单位从事水环境工作的人员的业务活动或执行的程序是否符合相关规定。

重新执行。在水环境审计中，该方法特别重要，是指将有关水环境保护的方法、措施，由审计人员（专业人员）再执行，对结果进行再检验。比如在对水环境质量进行审计时，不能仅依赖于环保部门提供的数据，应由审计人员现场取样后，在第三方重新执行检测程序，以查证水体质量。

除上述传统的审计程序以外，水环境审计还需要运用一些新型的审计证据收集方法。

（1）案例研究。

案例研究，是指审计人员选择若干客体进行案例分析，旨在为被审计单位反映的问题提供事实依据、帮助解释审计报告中的观点等。

在选择要研究的案例数量时，审计人员需要在研究的广度和深度之间达成一种平衡。选择较多的案例有助于归纳出经验性的结论，而深入的个案分析有助于对一般性的总体信息进行补充。

在完成案例研究后，审计人员可以就审计发现与被审计单位进行沟通，以了解审计发现代表总体的程度。审计人员也可以在研讨会或其他场合就案例研究与相关专家展开讨论。将一般性的统计数据与深入的案例研究相结合，并对其进行核对，审计人员可以获取案例说明能力的充分信息，从而形成准确推断的基础。

（2）二手资料的评价和使用。

二手资料的评价和使用，是指对与项目或研究主题领域有关的详细研究报告、大量书籍或论文的查阅，以及对这些领域统计数据的检查和验证，或者从新的角度去利用这些资料。

评价二手资料的标准有三个，即真实、合理和全面。评价资料的真实性可以从资料的出处、提供者的可信和权威性、信息系统内部控制状况等若干方面进行证实，必要时审计人员可以采用抽查、访谈等方式进行核对。评价资料的合理性可以对二手资料进行逻辑分析，如果逻辑上不矛盾、符合常理和一般规律的，可以认为是合理的。使用二手资料不能以偏概全，对问题的分析要全面，从整体上把握审计对象的真实性和合理性。

（3）访谈法。

访谈法，是指获取具体信息的问与答的过程，大多采用面谈的方式进行。水环境审计的大量工作以面谈为基础，而在审计过程的不同阶段需要开展各种不同的面谈。

访谈一般可以分为结构性访谈和非结构性访谈。结构性访谈通常按照一个详细的访谈提纲进行，各个访谈活动的提纲风格都是相同的，即问题的措辞和提问的顺序具有一致性。非结构性访谈通常有一个访谈指南可供参考，访谈指南的内容主要是介绍一些谈话主题和试探性问题的例子，供访谈者需要时使用。在这种方法下，访谈者可以自由灵活地提出事先没有考虑到的问题，并对被访谈者的答复进行深入探讨。

访谈的对象包括被审计单位管理层、相关知情人员、被审计单位的内部人员以及被审计单位的外部人员，如环保部门人员、当地居民、律师或法律顾问等。

对于访谈中获取的信息，必须加以验证，并提出审计人员自己的看法。对于无法验证的以及意见明显相悖的，审计人员应当谨慎对待，必要时用审计报告附件的形式予以反映。

（4）研讨会法。

研讨会可在水环境审计的不同阶段进行，例如在针对初步调查结果和有关审计结论进行讨论时。

研讨会的目的包括：了解专门技术领域的知识，讨论问题，收集不同人员的观察信息并且征求可能的改进意见和措施。研讨会的好处是能够将代表广泛知识和观点的大量人员聚集在一起，使得审计人员能够更好地了解水环境审计所涉及的问题。

2. 水环境审计证据的评价方法

与常规的报表审计不同，水环境审计包含大量的绩效评价和分析工作，因此审计人员需要学习和运用下列几种常用的绩效评价方法。

机会成本法。水环境的开发利用和保护相当于对多种互斥的方案的选择，资源有限性决定了选择一种方案就要放弃其他方案，放弃方案中的最大经济效益为所选方案的机会成本。该方法适用于因水资源短缺、废弃物占地等原因造成的经济损失计量。

资产价值法。水环境条件的差别可以通过地价或宅价反映，据此推算水环境资源的价值。常用回归分析法计算、测定水环境条件对地价的贡献度，该贡献度可视为水环境的资源价值。该方法适用于水源地周边的森林、草坪等绿色效益的计量。

人力资本法。该方法专门用于评估计量水环境污染对人体健康造成的经济损失，将水环境污染引起的人体健康损失分为医疗费、丧葬费等直接经济损失以及护理费等间接经济损失。该方法适用于对人身危害重大的重污染企业水环境污染的计量。

恢复费用法。水环境如果已被破坏，改善工作的效益则较难评价。可以估计恢复或防护水环境不受污染所需的最低费用，这就是恢复费用法，适用于消烟除尘、污水处理等治理费用的计量。

防护费用法。计算消除和减少水环境污染的有害影响所需承担的费用来衡量水环境污染的损失。该方法适用于出现了水质污染、需要安装净水设备的情形。

调查评价法。咨询专家或者水环境利用者，当水环境物品的供给数量或者质量发生变化时，人们愿意支付或接受补偿的金额，再根据调查结果，评价环境资源的损失价值或者保护措施的效益。该方法适用于评价如洪水对农田、水利设施等造成的经济损失。

决策和风险分析法。一般来说，水环境的开发和保护方案是多选择性的，而且部分水环境项目难以在年度内体现，可能需要跨越一年或者数年才能完成；有的项目当时对水环境没有影响或影响不大，而在若干年后显示出长期影响。如何正确评价、预测项目的成本和效果是个难题。使用决策和风险分析法可以较科学地解决这一问题。

在线监测法。水环境领域的监测网络目前正在完善之中，如卫星遥感数据接收系统、GPS 全球定位系统、空气监测系统、排污监测系统、GIS 地理信息系统等。该方法在流域审计、防护林保护工程审计中，取得了较好的效果。

影子工程法。影子工程法是计算恢复费用的一种特殊方法。某一环节受到污染或者破坏以后，人工建造一个工程来代替原来的环境功能，利用建造该工程的费用来估计水环境污染或者破坏造成的经济损失。

此外，运用计算机审计方法也十分重要。一方面可以利用计算机对相关数据进行审查和分析，如利用计算机对排污费的征收进行审计，既有利于查清多收、少收、欠缴、减免排污费等问题，也有利于提高审计工作效率。另一方面可以对相关的信息系统进行审计，如审计污染物排放在线监测和污染物排放总量统计系统，排污费、污水处理费征收管理系统等，将财务数据和业务数据相联系，进行对比分析、倒推，以发现线索、揭露问题等。

三、采用统一组织审计项目管理方式

由于水环境具有流动性、影响广泛性等特点，水环境审计宜采用合作审计的组织方式，既需要审计主体之间的合作，也需要审计主体与其他环境监管单位或企业之间的合作。因此，水环境审计可以采用统一组织审计项目的管理方式。以政府审计机关为例，所谓统一组织审计项目，是指审计主体由审计机关统一组织、所属地市和区县审计机关共同参加，审计客体为省、市、县等多级同行业被审计单位的区域性大型审计项目。统一组织审计项目管理是将一体化与信息化融入审计项目管理、以克服传统审计管理模式缺陷的新型技术方法，对创新审计管理理念、改进管理方式、提高管理水平、控制审计风险、降低审计成本具有积极意义。

统一组织审计项目管理的信息系统分为统一组织审计项目管理模块层面和审计应用平台层面，项目管理模块体现了管理功能的实现，应用平台则为其提供技术支撑。

1. 统一组织审计项目管理的信息化模块

统一组织项目管理主要包括计划管理、项目管理、大项目管理三大模块。统一项目组织管理系统是在审计管理系统计划管理和项目管理模块的基础上进行功能改造，并新增大项目管理模块。计划管理模块可以实现审计计划的编制、分解和下发管理。项目管理模块可以实现审计项目的分解下发以及审计过程中项目信息的参阅和上报。大项目管理模块可以为统一组织的大项目提供资料整理汇总、项目指挥调度、统计决策信息等大项目审计必需的支持性功能。

2. 统一组织审计项目管理审计应用平台

审计应用平台为实现统一组织审计项目管理提供核心技术支撑，包括安全支撑、基础支撑服务和工具构件，如图 7－6 所示。

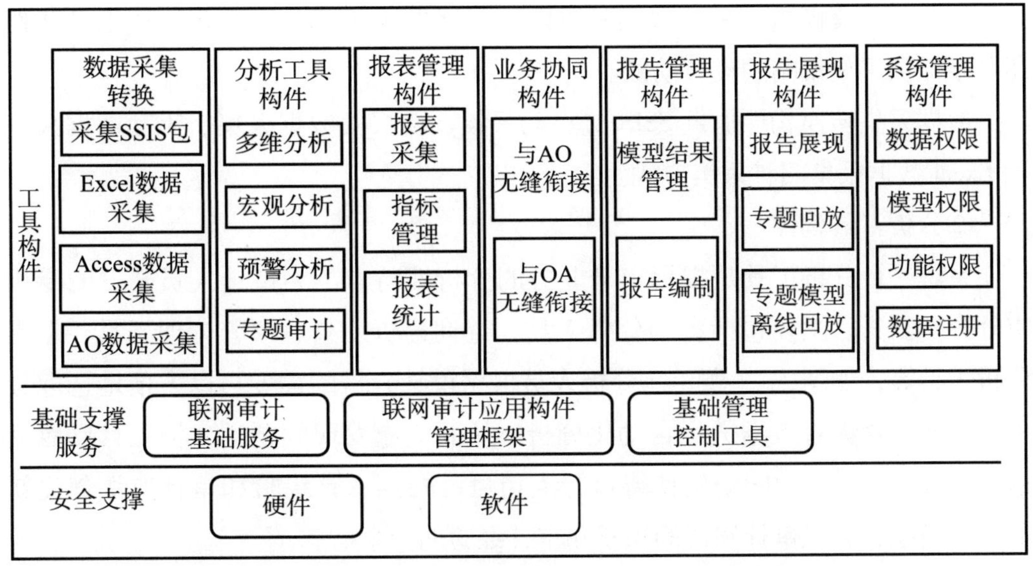

图7－6 统一组织审计项目管理应用平台总体架构图

（1）安全支撑。

硬件包括服务器、路由器、防火墙、身份认证网关、隔离网闸等；软件包括操作系统、数据库软件、系统中间件等，构建起交换中心安全支撑平台。结合安全客户端的运用，实现审计现场与审计机关的数据安全传输。

（2）基础支撑服务。

基础支撑服务由审计基础服务、审计应用构件管理框架和基础管理控制工具三个核心部分构成，其中审计基础服务包括：数据访问控制服务、数据资料管理及一致性服务、数据同步服务、日志和行文审核服务以及身份认证服务等；审计应用构件管理框架由构件管理器、构件间信息通信引擎和应用服务托管管理构成；基础管理控制工具包括数据资料管理规划工具、构件管理配置工具、数据访问管理工具、权限控制管理工具、日志管理工具以及行为审核管理工具等。

（3）工具构件。

工具构件主要包括数据采集转换、分析工具构件、报表管理构件、业务协同构件、报告管理构件、报告展现构件、系统管理构件。

①数据采集转换构件。

数据采集转换构件实现了对行业数据采集的清洗转换功能，可利用 SSIS 工具制作业务采集模板。采集数据时可以有选择的采集部分数据表。该工具构件还可以提供采集策略的设置功能。

数据采集转换构件提供 SSIS 包自动采集、填报式数据采集、手动数据采集和 Excel 数据采集四种采集方式。

②分析工具构件。

系统平台分析工具是根据审计业务的分析性特点，为审计人员开发的专用审计分析工具。主要包括多维分析工具、查询分析工具、预警管理工具、专题分析工具等，如图 7 -7 所示。分析人员根据审计分析的需要可以方便地选取分析工具或工具集对数据进行自动化分析，从而快速发现问题。分析工具反应迅速，功能强大，开放的架构使得审计人员可以根据审计经验和审计方法创建新的分析模型，实现审计知识的积累和审计经验的分享。

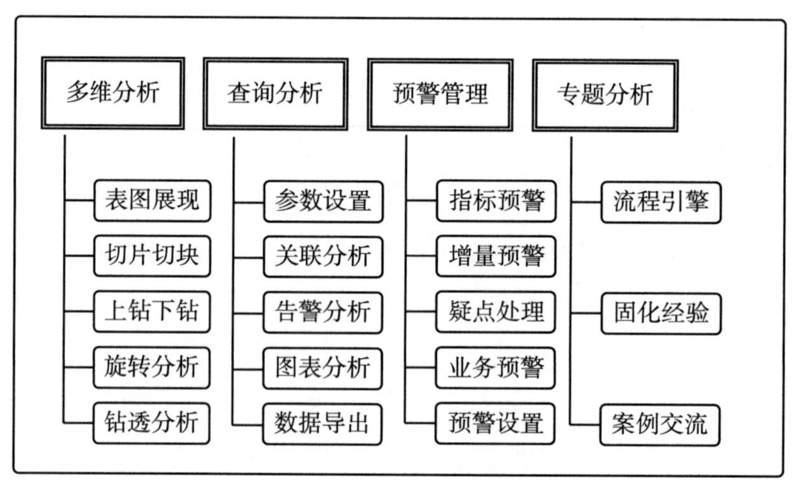

图 7 -7　系统平台分析工具

多维数据分析基于数据仓库，采用多维分析技术，以图表联动的方式，帮助审计人员从宏观上锁定审计点，轻松自如的探察数据，快速高效的访问信息。通过从多个角度探察数据，能准确地捕捉其内部的某种趋势或某条信息。

查询分析模型是一种基于关系型数据库查询技术，使用结构化查询语言（Structure Query Language，SQL）脚本编写的代码段落。用户在分析的过程中，将有价值的 SQL 查询脚本保存成为查询分析模型，并填写与模型相关的描述信息。在查询分析模型的设计过程中，充分考虑了复用的原则，将审计思路，也就是业务逻辑与被审计单位电子数据剥离，做到了一次构建多处使用。

预警管理就是一种运用审计脚本语言来描述审计逻辑的脚本代码片段。预警管理根据设置的阈值自动执行审计模型，发现的问题自动加入疑点库，辅助审计人员分析问题。

专题分析工具主要是审计人员根据实际的审计思路，将现有模型按照一定的逻辑关系有机组织起来的一种模型。专题模型是一系列模型的有机组合，包含流程信息，可以引导审计人员进行审计分析，形成的分析结果能表达一个完整的审计过程，可以直接用于案例交流。

③报表管理构件。

报表管理构件可以提供采集模板设计功能、数据采集功能、指标管理功能以及报表统计功能。

采集模板设计功能负责定义每个被审计行业报表的格式以及采集的内容，审计人员只需要操作报表采集向导选择已预置的采集模板，即可轻松采集相应的报表数据，充分发挥计算机辅助审计的优势。

数据采集功能的示例如图7－8所示。在采集数据时（如果是外部报表，需要把报表放在指定的目录下），需要指定报表所属的年度以及月份，点击“下一步”，软件系统会根据报表的存放情况，自动识别报表存放的位置（如果是外部数据即从指定目录下采集数据，如果是内部数据则直接从行业审计数据库中提取数据），最终完成报表的采集过程。

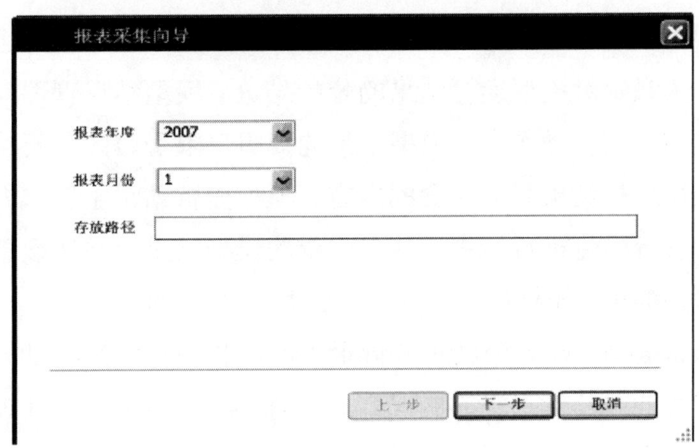

图7－8　报表采集向导图

指标管理功能提供指标定义、指标计算、指标查看等功能。指标定义功能可以针对统计的内容设计统计指标项，然后通过指标计算以固化该指标，最后审计人员可以通过指标查看功能了解各指标的运算结果。

报表统计功能提供多种分析方式，比如占比分析、趋势分析、同比分析、环比分析和基比分析等功能，便于审计人员运用多种形式综合分析统计指标。

④业务协同构件。

统一组织审计项目管理应用平台不是孤立的，它与现场审计实施系统（Auditor Office，AO）和审计管理系统（Office Automation，OA）是一个整体，可以实现业务协同，发挥各自优势的同时紧密进行协作，以保证审计业务的连续性和完整性。

系统产生的疑点数据，经过审核后，AO 直接可以读取。通过 AO 提供的疑点集中管理入口，审计人员能够利用 AO 轻松实现提取水环境动态审计监测系统里的疑点数据。AO 采集的外部数据也可直接导入水环境动态审计监测系统，丰富此平台的数据量。

系统中可以自由选择模型，点击“上传到 OA”，系统即把宏观模型以 COM 组件的形式发布到 OA 系统中。管理人员可以通过 OA 中的决策参阅入口直接浏览宏观数据，还可以按时间、地域等多角度、多维度地进行数据操作。

⑤报告管理构件。

该构件用于管理模型的审计结果，并在此基础上，提供编制分析报告的功能，该构件的功能包括以下两个。

第一，模型结果管理功能。模型结果是指由系统保存的模型运算后的结果快照以及审计人员针对模型运算结果的分析结论。模型结果管理模块提供了对模型结果的编辑和删除操作。对模型结果的编辑仅限于修改分析结论。该功能有助于根据模型分析结果名称包含的内容、模型分析结果主题包含的内容、结论中包含的内容等信息进行检索，找出需要的模型结果，并在搜索后手动定位到当前结果模型的下一个模型。

第二，报告编制功能。提供对分析报告的结构进行定义的功能。鉴于同一审计业务或者行业中分析报告的展现方式各有不同，需要对审计报告模板中的特定展现进行定义。报告编制功能提供与报告编制定义相关的数据指标项，根据模型结果数据项的属性进行该类数据指标项的对应，以实现分析报告与模型结果的动态编制。此外，还可以提供将编制的报告模板进行保存的功能，并且能够对报告模板进行分类管理。

⑥报告展现构件。

分析报告的展现，是指将运算处理完成的分析报告以列表的方式展示，并可以根据标题、时间、使用模板等报告属性进行查询或排序。列表中的分析报告，可以通过分析报告展现功能将其打开，详细内容为按照事前定义的样式展现出的模型结果。

分析报告展现构件的主要功能包括，提供以审计流程导向方式展现分析报告的功能，以及专题回放的功能。专题模型的运行过程中，审计人员可以在关键环节上选择保存模型结果并填写相关的结论性文字。借助系统特有的展现构件，这套流程可以重新再现审计人员当时的操作分析过程。用户可以查询该专题模型的描述信息以及各步骤的思路和结论。

⑦系统管理构件。

系统管理构件包括数据权限管理、模型权限管理以及功能权限管理三个部分。

数据权限管理提供数据注册和数据权限管理两大功能。通过数据注册功能，把基于行业的数据表注册到系统中以便于规范管理，同时便于审计人员直接利用行业数据规划表 SQL 语句创建自己的经验模型。使用该功能注册二维数据表时（即行业审计数据库表），可以将二维数据表映射到共享审计数据库形成视图，这是实现跨行业审计的基础。

模型权限管理提供查询模型授权工具和多维模型授权工具，其中利用查询模型授权工具可实现对查询模型的授权管理，利用多维模型授权工具可实现对多维模型的授权管理。在运用这些工具给相应的人员或角色授权之后，获得授权的人员或角色就能查看相应行业的审计模型。

功能权限管理提供功能与人员、功能与角色的权限管理，有助于不同角色、人员享有不同的权限。其中，功能与人员权限管理提供对人员增加、删除、修改功能的授权管理，功能与角色权限管理提供对角色增加、删除、修改功能的授权管理。

四、提高水环境审计的人员素质

人是被嵌入在物理世界中的宏观存在物，与物质世界浑然一体，应当高度重视人在审计系统进化中的能动作用。

由于审计职能的变迁，美国等国家的审计人员由过去传统的编辑（auditors）的角色，演变为评估人员（evaluators）。而从本书前面的水环境实践分析可知，目前我国水环境审计也已经由过去的财务审计、合规审计逐步发展到以绩效审计为主的高级阶段。因而，审计人员除具备基本的会计、审计专业知识外，还需具备其他自然与社会学科的专业知识，例如水文、地理信息、公共政策、土木建筑等，同时需要深刻了解水环境管理活动的总体架构和具体环节。只有这样，才能胜任公共政策分析与评估水环境项目执行绩效的职能。为避免人的有限理性阻碍审计系统的发展，应对现有审计人员进行强化培训，提高水环境审计的理论素质和业务水平，增强其专业胜任能力。还可以考虑充分调动民间审计和内部审计的资源，增强水环境审计的监督力量。另外，应实行严格的审计质量责任制、审计工作稽查制度和内部审计制度，进一步明确审计人员的审计责任，规范审计人员的审计行为，提高水环境审计自身的工作绩效。

另外，目前审计组织因受相关制度的制约，用人渠道受限，审计人员专业知识结构过于单一，因此建议参照国外的先进做法，成立“水环境审计咨询委员会”等技术支持机构，提供专业服务与技术咨询，帮助解决水环境审计中的评估指标等技术难题。委员们可来自水利部、环保部以及社会各界，均应是不同领域的知名专家。

参考文献

1. 北京市水利规划设计研究院、中国水利水电科学研究院：《资源与社会经济评价体系研究》2009 年第 12 期。

2. 蔡晓珊、张耀辉：《国际资源环境变化下的我国资源调控探析》，载于《国际经贸探索》2010 年第 11 期。

3. 陈基湘：《环境审计年度主题“水”与“生物多样性”》，载于《环境》2005 年第 7 期。

4. 陈思维：《析环境审计对 ISO14000 的借鉴》，载于《审计与经济研究》2006 年第 5 期。

5. 陈思维：《环境审计》，经济管理出版社 1998 年版。

6. 陈晓洋：《环境审计的现状与对策》，载于《环境污染与防治》2009 年第 4 期。

7. 陈艳卿、刘宪兵、黄翠芳：《日本水环境管理标准与法规》，载于《环境保护》2010 年第 23 期。

8. 陈毓圭：《环境会计和报告的第一份国际指南——联合国国际会计和报告标准政府间专家工作组第 15 次会议记述》，载于《会计研究》1998 年第 5 期。

9. 陈正兴：《环境审计》，中国审计出版社 2001 年版。

10. 蔡春、毕铭悦：《关于自然资源资产离任审计的理论思考》，载于《审计研究》2014 年第 5 期。

11. 陈朝豹、耿翔宇、孟春：《胶州市领导干部自然资源资产离任审计的实践与思考》，载于《审计研究》2016 年第 4 期。

12. 陈献东：《确定领导干部自然资源资产离任审计内容的逻辑机理及例证分析》，载于《审计研究》2018 年第 5 期。

13. 程亭：《我国环境审计制度创新研究》，中南财经政法大学博士论文，2013 年。

14. 迟忠芹：《公共环境项目绩效审计模式研究》，中国海洋大学硕士论文，2008 年。

15. 丹尼尔 · H. 科尔：《污染与财产权：环境保护的所有权制度比较研究》，北京大学出版社 2009 年版。

16. 丁镇棠、程书萍、刘小峰：《大型公共工程环境审计研究》，载于《审计研究》2011 年第 11 期。

17. 董大胜：《审计本质　审计定义与审计定位》，载于《审计研究》2015 年第 2 期。

18. 段效民、孙卫平：《对水资源费审计的思考与建议》，载于《陕西审计》2001 年第 1 期。

19. 范红霞：《论企业的环境社会责任》，载于《法制与社会》2008 年第 8 期。

20. 范阳东：《企业环境管理自组织机制培育的理论与实证研究》，暨南大学博士论文，2010 年。

21. 范中艳、卢相君：《注册会计师开展环境审计的思考》，载于《中国注册会计师》2011 年第 12 期。

22. 冯西儒：《企业内部审计问责机制研究》，载于《财会月刊》2010 年 8 月上。

23. 葛家澍、林志军：《西方财务会计理论》，厦门大学出版社 2001 年版。

24. 耿建新、房巧玲：《环境审计研究视角的国际比较》，载于《审计研究》2004 年第 2 期。

25. 耿建新、牛红军：《关于制定我国政府环境审计准则的建议和设想》，载于《审计研究》2007 年第 4 期。

26. 耿建新、肖振东、张宏亮：《城市水资金有效循环过程的保证措施探讨——政府环境审计的作用与实施方式》，引自《中国环境科学学会学术年会优秀论文集》，2006 年。

27. 耿建新、李志坚、吕晓敏、张文可：《我国水资源资产审计的现状与未来探讨》，载于《审计研究》2018 年第 1 期。

28. 郭阳生：《基于模糊数学角度的环境绩效审计评价》，载于《当代经济》2009 年第 23 期。

29. 韩竞一等：《中国环境审计实务问卷调查及初步分析》，载于《审计研究》2005 年第 4 期。

30. 韩俊：《政府环境审计的经济学理论分析》，载于《上海环境科学》2004 年第 23 期。

31. 郝海清：《深化环境审计推进排污权交易制度》，载于《中国注册会计师》2010 年第 3 期。

32. 贺桂珍等：《荷兰的政府环境审计及其对中国的启示》，载于《审计研究》2006 年第 1 期。

33. 侯婷婷、彭兰香：《环境审计国际比较及借鉴》，载于《财会月刊》2010 年第 7 期。

34. 胡健等：《中小企业环境绩效评价理论与方法研究》，载于《科研管理》2009 年第 3 期。

35. 胡曲应：《日本环境政策优先指数解读》，载于《财会通讯》2010 年第 12 期。

36. 胡杨、邓婷婷：《我国环境会计信息披露现状分析及对策研究》，载于《西南民族大学学报（人文社会科学版）》2010 年第 11 期。

37. 花拥军、陈迅、张建：《公共工程社会评价指标体系研究》，载于《经济论坛》2004 年第 5 期。

38. 黄道国、邵云帆：《多元环境审计工作格局构建研究》，载于《审计研究》2011 年第 5 期。

39. 黄溶冰、王丽艳：《环境审计在碳减排中的应用：案例与启示》，载于《中央财经大学学报》2011 年第 8 期。

40. 黄溶冰、赵谦：《我国环境保护财政资金的绩效评价（2006 ~ 2011 年）——基于审计结果公告的内容分析》，载于《财政研究》2012 年第 5 期。

41. 黄溶冰：《我国节能减排的环境审计理论结构分析》，载于《中国行政管理》2012 年第 5 期。

42. 黄绪全：《水环境审计探讨》，载于《中国内部审计》2011 年第 3 期。

43. 贾卫列、刘宗超：《生态文明观：理念与转折》，厦门大学出版社 2010 年版。

44. 贾妍妍：《环境绩效评价指标体系初探》，载于《重庆工学院学报》2004 年第 2 期。

45. 蒋华新:《关于我国环境审计的思考》,载于《财政监督》2009 年第 2 期。

46. 柯燕来:《基于 ISO14000 标准下的环境内部绩效审计——EMS 内部审计体系构建研究》,厦门大学硕士论文,2008 年。

47. 孔军:《引入审计质量问责机制》,载于《金融经济(理论版)》2009 年第 6 期。

48. 邝必清:《基于新公共管理的政府投资项目绩效审计》,载于《审计与经济研究》2009 年第 1 期。

49. 李成艾、孟祥霞、周学军:《创新型水资源审计模式研究:基于宁波市的审计实践》,载于《财会研究》2011 年第 7 期。

50. 李德豪:《加拿大推动可持续发展战略的策略及实践》,载于《环境科学与技术》2010 年第 4 期。

51. 李钢、蓝石:《公共政策内容分析方法:理论与应用》,重庆大学出版社 2007 年版。

52. 李红红:《我国政府环境管理绩效审计标准与依据探究》,首都经济贸易大学硕士论文,2009 年。

53. 李建发、肖华:《我国企业环境报告:现状、需求与未来》,载于《会计研究》2002 年第 4 期。

54. 李璐、张龙平:《WGEA 的全球性环境审计调查结果:分析与借鉴》,载于《审计研究》2012 年第 1 期。

55. 李璐、张龙平:《关于我国开展水环境审计的理论与实践探讨》,载于《中南财经政法大学学报》2012 年第 11 期。

56. 《国家利益保护导向的中国环境审计体系创新研究》课题组:《国家利益保护导向的中国环境审计体系创新研究的初纲》,载于《会计论坛》2012 年第 2 期。

57. 李明辉、张艳、张娟:《国外环境审计研究述评》,载于《审计与经济研究》2011 年第 7 期。

58. 李锐等:《安徽交通科技信息共享平台数据交换体系的设计与实现》,载于《安徽农业大学学报》2009 年第 3 期。

59. 李雪、杨智慧、王健姝:《环境审计研究:回顾与评价》,载于《审计研究》2002 年第 4 期。

60. 李雪、杨智慧：《对环境审计定义的再认识》，载于《审计研究》2004年第2期。

61. 李越冬、江纹、李俊：《节能减排审计现状及完善建议》，载于《财会月刊》2010年第3期。

62. 林伯强、姚昕、刘希颖：《节能和碳排放约束下的中国能源结构战略调整》，载于《中国社会科学》2010年第1期。

63. 林忠华：《领导干部自然资源资产离任审计探讨》，载于《审计研究》2014年第5期。

64. 林仲豪、高红贵：《企业环境社会责任及践行途径》，载于《统计与决策》2008年第17期。

65. 刘达朱、王本强、陈基湘：《政府环境审计的现状、发展趋势和技术方法》，载于《审计研究》2002年第6期。

66. 刘家义：《以科学发展观为指导推动审计工作全面发展》，载于《审计研究》2008年第3期。

67. 刘明辉、孙冀萍：《领导干部自然资源资产离任审计要素研究》，载于《审计与经济研究》2016年第31期。

68. 刘丽敏、底萌妍：《企业环境绩效评价方法的拓展：模糊综合评价》，载于《统计与决策》2007年第17期。

69. 刘西林：《企业不可推卸的环境社会责任：构建绿色企业》，载于《北方经济》2010年第5期。

70. 刘旭红：《环境审计比较研究》，兰州商学院硕士论文，2009年。

71. 刘玉廷：《社会责任是内部控制规范体系的重要组成部分》，载于《中国总会计师》2010年第7期。

72. 刘长翠、周芳：《环境审计研究：历史、现状与未来——基于国内研究的实证分析与理论述评》，载于《审计研究》2005年第4期。

73. 柳长顺：《国外用水要审计》，载于《人民日报》2006年6月3日。

74. 陆勇、李文美：《以产权保护为导向的注册会计师审计理论研究》，载于《会计研究》2006年第12期。

75. 路广：《荷兰环境审计法律制度的经验与启示》，载于《南京审计学院学报》2011年第1期。

76. 吕新民：《信息化环境下审计项目管理问题探讨》，载于《财会通讯》2010年5月（上）。

77. 吕忠梅：《论公民环境权》，载于《法学研究》1995年第6期。

78. 马彩华：《中国特色的环境管理公众参与研究》，中国海洋大学博士论文，2007年。

79. 马春英、周允征：《试论我国环境审计风险模型的构建及应用》，载于《财经问题研究》2011年第8期。

80. 马建威、何玉润、肖平：《企业环境会计信息披露探讨》，载于《北京工商大学学报（社会科学版）》2008年第9期。

81. 马强、秦佩恒、白钰、曾辉：《我国跨行政区环境管理协调机制建设的策略研究》，载于《中国人口、资源与环境》2008年第5期。

82. 毛洪涛、张正勇：《社会责任审计理论研究述评——根据国内1993年至2009年研究的分析》，载于《审计与经济研究》2010年第5期。

83. 毛明利、张忍干：《投资项目绩效审计评价指标探讨》，载于《中国注册会计师》2006年第11期。

84. 聂长流、秦洁：《美国地方政府审计项目管理中的几点做法》，载于《中国审计》2008年第11期。

85. 聂长流：《美国〈关于水资源预防处理控制项目绩效审计报告〉简介》，载于《审计与理财》2007年第9期。

86. 内蒙古自治区审计学会课题组，郭少华、郝光荣、于小满：《领导干部水资源资产离任审计研究》，载于《审计研究》2017年第1期。

87. 牛鸿斌、崔胜辉、赵景柱：《政府环境责任审计本质与特征的探讨》，载于《审计研究》2011年第2期。

88. 欧阳春花：《公共工程投资效益审计评价指标体系的构建》，载于《统计与决策》2007年第4期。

89. 潘煜双、李云：《中国环境审计研究述评——基于国内1997～2008年研究的分析》，载于《财会通讯》2010年第11期。

90. 裴敬伟、潘磊：《企业环境社会责任的法制化》，载于《世界环境》2008年第5期。

91. 齐晔：《中国环境监管体制研究》，上海三联书店2008年版。

92. 尚勇：《绿色浪潮》，载于《科技日报》2009年6月24日。

93. 邵丽：《环境审计风险研究》，中国海洋大学硕士论文，2007年。

94. 沈洪涛、秦信任：《企业社会责任报告鉴证与注册会计师新业务拓展》，载于《中国注册会计师》2010年第12期。

95. 沈洪涛、万拓、杨思琴：《我国企业社会责任报告鉴证的现状及评价》，载于《审计与经济研究》2010年第11期。

96. 审计署外事司：《国外效益审计简介》，中国时代经济出版社2003年版。

97. 审计署上海特派办理论研究会课题组，杨建荣、高振鹏、贾西贝：《领导干部自然资源资产离任审计实现路径研究——以A市水资源资产为例》，载于《审计研究》2017年第1期。

98. 时燕君：《企业环境社会责任的经济法律制度支撑》，载于《当代经济》2009年第8期。

99. 水环境审计指南课题组：《水环境审计指南》，中国时代经济出版社2011年版。

100. 宋常、赵懿清：《投资项目绩效审计评价指标体系与框架设计研究》，载于《审计研究》2011年第1期。

101. 苏海涛、胡锦峰、郭海清：《基于DEA方法的鄱阳湖生态经济效率评价研究》，载于《商业经济》2010年第10期。

102. 苏明、刘军民、张洁：《促进环境保护的财政政策研究》，载于《财政研究》2008年第7期。

103. 王淡浓：《加强政府资源环境审计　促进转变经济发展方式》，载于《审计研究》2011年第9期。

104. 王会金、王素梅：《建立健全政府审计问责机制研究》，载于《财经科学》2009年第1期。

105. 王如燕：《政府环境绩效审计标准及审计评价》，中国时代经济出版社2009年版。

106. 王世成、武国：《大规模投资绩效审计评价指标体系研究》，载于《审计研究》2010年第5期。

107. 王晓玲：《环境文化：可持续发展的文化基因》，载于《学习与实践》2007年第3期。

108. 王玉荣、彭辉：《流程管理》，北京大学出版社2008年版。

109. 王远坤、夏自强、曹升乐：《水安全综合评价方法研究》，载于《河海大学学报》2007年第6期。

110. 温美琴：《政府绩效审计评价指标体系的设计》，载于《统计与决策》2007年第19期。

111. 吴春梅、邹威：《新时代审计理论创新与制度完善——2017年中国会计学会审计专业委员会和中国审计学会审计教育分会联合学术年会观点综述》，载于《审计研究》2018年第1期。

112. 武丽娜：《印度、巴西政府绩效审计制度对我国的启示》，载于《经济师》2009年第5期。

113. 项荣：《英国水资源环境保护审计的特点和启示》，载于《工业审计与会计》2010年第5期。

114. 肖北庚：《走向法治政府》，知识产权出版社2006年版。

115. 肖萍：《环境保护问责机制研究》，载于《南昌大学学报（人文社会科学版）》2010年第4期。

116. 肖淑芳、胡伟：《我国企业环境信息披露体系的建设》，载于《会计研究》2005年第3期。

117. 肖淑芳、胡伟：《中国上市公司环境信息披露现状研究》，载于《北京理工大学学报》2004年第6期。

118. 肖显静：《生态政治——面对环境问题的国家抉择》，山西科学技术出版社2003年版。

119. 肖序、周志方：《企业环境风险管理与环境负债评估框架研究》，载于《审计与经济研究》2012年第3期。

120. 肖振东：《公共投资项目绩效链审计模式探析》，载于《审计月刊》2006年第10期。

121. 谢德仁：《企业绿色经营系统与环境会计》，载于《会计研究》2002年第1期。

122. 谢剑：《应对水资源危机——解决中国水资源稀缺问题》，中信出版社2009年版。

123. 徐玖平、蒋洪强：《制造型企业环境成本的核算与控制》，清华大学出版社2006年版。

124. 徐长辉、吴允：《荷兰的环境审计》，载于《工业审计与会计》2007年第2期。

125. 许继芳：《政府环境责任缺失与多元问责机制建构》，载于《行政论坛》2010年第3期。

126. 宣杰、孙凤英：《深入开展水环境审计》，载于《生产力研究》2008年第18期。

127. 薛惠锋、程晓冰、乔长录、陈志鹏：《水资源与水环境系统工程》，国防工业出版社2008年版。

128. 《亚洲审计组织环境审计委员会工作报告》，世界审计组织环境审计委员会执行委员会第5次会议，2006年。

129. 闫天池、张庆龙：《资源环境审计：问题与对策》，载于《中央财经大学学报》2009年第1期。

130. 严飞：《关于水环境效益审计若干问题的探讨》，载于《审计研究》2007年第5期。

131. 杨方：《公众环境保护意识状况调查》，载于《河海大学学报（哲学社会科学版）》2007年第6期。

132. 杨凡：《完善公共工程投资项目绩效审计评价指标体系的设想》，载于《黑龙江对外经贸》2006年第11期。

133. 杨芳纳：《环境资源“公共悲剧”的控制——以水资源为例》，昆明理工大学硕士论文，2008年。

134. 叶晓丹：《我国环境审计立法初探》，载于《长江大学学报（社会科学版）》2008年第4期。

135. 于宏源：《环境变化和权势转移：制度、博弈和应对》，上海人民出版社2011年版。

136. 余谦、陈大银：《领导干部离任应进行生态环境审计》，载于《山西财经大学学报》2011年第2期。

137. 袁雪梅、蒋永国、郭忠文：《海洋数据信息共享平台关键技术研究与实现》，载于《中国海洋大学学报（自然科学版）》2010年第12期。

138. 张爱民、郭坤：《国外环境审计主体研究》，载于《绿色财会》2009年第 7 期。

139. 张宏亮、刘恋、曹丽娟：《自然资源资产离任审计专题研讨会综述》，载于《审计研究》2014 年第 4 期。

140. 张建伟：《论政府环境责任问责机制的健全——加强社会公众问责》，载于《河海大学学报（哲学社会科学版）》2008 年第 3 期。

141. 张建伟：《完善政府环境责任问责机制的若干思考》，载于《环境保护》2008 年第 8 期。

142. 张秋：《企业环境社会责任缺失的制度机理研究》，载于《自然辩证法研究》2010 年第 2 期。

143. 张世兴：《基于环境业绩评价的企业环境信息披露研究》，中国海洋大学博士学位论文，2009 年。

144. 张延杰：《20 世纪 60 年代美国环境保护意识的产生》，载于《东北师大学报（哲学社会科学版）》2000 年第 4 期。

145. 张以宽：《论环境审计》，载于《中国审计信息与方法》1997 年第 1 期。

146. 张以宽：《论可持续发展战略与中国环境审计制度——实行环境审计制度是贯彻以德治国方针的重要举措》，载于《审计研究》2003 年第 1 期。

147. 张占斌：《强化环境保护机构的统筹协调职责》，载于《光明日报》2008 年 3 月 5 日。

148. 浙江省审计学会课题组：《太湖流域水污染综合治理环境审计实证研究》，载于《审计研究》2004 年第 1 期。

149. 郑季良、邹平：《对企业环境绩效的思考》，载于《生态经济》2005 年第 10 期。

150. 郑艳茹：《政府投资项目的绩效审计》，载于《审计月刊》2006 年 1 月。

151. 郑亚南：《自愿性环境管理理论与实践研究》，武汉理工大学博士论文，2004 年。

152. 中国环境保护环境规划院等：《环境与发展比较：中国与印度》，中国环境科学出版社 2010 年版。

153. 中国科学院可持续发展战略研究组：《2010 中国可持续发展战略报告——绿色发展与创新》，科学出版社 2010 年版。

154. 中国审计学会：《审计署立项课题研究报告（2005 – 2006）》，中国时代经济出版社 2007 年版。

155. 中国审计学会调研组：《关于环境审计课题的调研报告》，载于《审计研究》2009 年第 2 期。

156. 周曦：《基于经济责任的环境审计路径选择——浅析经济责任审计中的环境保护责任审计》，载于《审计研究》2011 年第 9 期。

157. 周志豪、张宏斌、徐建、葛娟：《区域性环境管理绩效评价指标体系研究》，载于《南京审计学院学报》2010 年第 2 期。

158. 朱谦：《公众环境保护的权利构造》，知识产权出版社 2008 年版。

159. Alexander E. Farrell1, Richard J. Plevin1, Brian T. Turner, Andrew D. Jones1, Michael O'Hare, Daniel M. Kammen. Ethanol Can Contribute to Energy and Environmental Goals [J]. *Science*, 311 (5760), 2006.

160. Alvarez Larrauri Ramon, Fogel Ira. Environmental Audits as a Policy of State: 10 Years of Experience in Mexico [J]. *Journal of Cleaner Production*, 16 (1), 2008.

161. Ammenberg, J., Sundin, E. Products in Environmental Management Systems: The Role of Auditors [J]. *Journal of Cleaner Production*, 13 (4), 2005.

162. Ammenberg, J., Wik, G., Hjelm, O. Auditing External Environmental Auditors: Investigating How ISO 14001 Is Interpreted and Applied in Reality [J]. *Eco - Management and Auditing*, 8 (4), 2001.

163. Anuntaakalakul, K., Lamberton, G. Internal Auditor Involvement in Environmental Audit: Evidence from Thailand [J]. *The Icfai Journal of Audit Practice*, 4 (4), 2007.

164. Badrinath S. D., Raman N. S. Environmental Audit: Indian Scenario [J]. *Journal of Environmental Engineering*, 121 (6), 1995.

165. Basalamah, A. S, Jermias, J. Social and Environmental Reporting and Auditing in Indonesia Maintaining Organizational Legitimacy [J]. *Gadjah Mada International Journal of Business*, 7 (1), 2005.

166. Bernard Sinclair - Desgagne, H. Landis Gabel. Environmental Auditing in Management Systems and Public Policy [J]. *Journal of Environmental Economic and Management*, 33 (3), 1997.

167. Black, R. A New Leaf in Environmental Auditing [J]. *Internal Auditor*, 55 (3), 1998.

168. Blokdijk, J. H., Drieenhuizen, F. The Environment and the Audit Profession: A Dutch Research Study [J]. *European Accounting Review*, 1 (2), 1992.

169. Botetzagias, I.. The Environmental Impact Assessment and Auditing Process in Greece: Evidence from the Prefectural Level [J]. *Impact Assessment and Project Appraisal*, 26 (2), 2008.

170. Bowman Megan. New Legislative Protection of Voluntary Environmental Audits: Incentive or Indictment [J]. *Australian Business Law Review*, 27 (5), 1999.

171. Brendan O'Dwyer. The Genesis of an 'Interesting' and Important Social and Environmental Accounting Conversation: Celebrating the Contribution of Professor David Owen to Social and Environmental Accounting and Auditing (SEAA) Research and Practice [J]. *Social and Environmental Accountability Journal*, 31 (1), 2011.

172. Byington, J. R., Campbell, S. Should the Internal Auditor Be Used in Environmental Accounting [J]. *The Journal of Corporate Accounting and Finance*, 8 (2), 1997.

173. Cahill Lawrence B. Conducting Third – Party Evaluations of Environmental, Health, and Safety Audit Programs [J]. *Environmental Quality Management*, 11 (3), 2002.

174. Cahill, L. B. Evaluating Management Systems as Part of Environmental Audits [J]. *Total Quality Environmental Management*, 2 (2), 1992.

175. Cater, S. J., Ball, D. F., Baron P. J., et al. Environmental Auditing: Management Strategy [J]. *Business Strategy and the Environment*, 4 (2), 1995.

176. Chiang, C., Lightbody, M. Financial Auditors and Environmental Auditing in New Zealand [J]. *Managerial Auditing Journal*, 19 (2), 2004.

177. Chiang, Christina; Northcott, Deryl. Financial Auditors and Environmental Matters: Drivers of Change to Current Practices [J]. *Journal of Accounting and Organizational Change*, 8 (3), 2012.

178. Clark Gordon, Whitelegg John. Maximising the Benefits from Work – based Learning: the Effectiveness of Environmental Audits [J]. *Journal of Geography in*

Higher Education, 22 (3), 1998.

179. Claycomb Daniel P. The Role of Field Auditing In Environrntal Quality Assurance Management [J]. *Quality Assurance*, 8 (3-4), 2000.

180. Collison, D., Gray, R. Auditor's Responses to Emerging Issues: A UK Perspective on the Statutory Financial Auditor and the Environment [J]. *International Journal of Auditing*, 1 (2), 1997.

181. Collison, D., Slomp, S. Environmental Accounting, Auditing and Reporting in Europe: the Role of FEE [J]. *European Accounting Review*, 9 (1), 2000.

182. Consumer Council for Water. Using Water Wisely: *A Deliberative Consultation* [R]. Oct. 2006.

183. Consumer Council for Water. Using Water Wisely: *Quantitative Research to Determine Consumers' Attitudes to Water Use and Water Conservation* [R]. Oct. 2006.

184. D. P. Tripathy. Environmental Auditing for Sustainable Development of Indian Industries [J]. *Asian Journal of Water, Environment and Pollution*, 8 (1), 2011.

185. David C. Trimble. *Preliminary Observations on the Use of Funds for Clean and Drinking Water Projects* [R]. Washington: GAO, 2011.

186. Dunlap Riley E., Van Liere Kent D. The "New Environmental Paradigm" [J]. *Journal of Environmental Education*, 40 (1), 2008.

187. Eckhardt Bob. Conducting an Internal Environmental Audit [J]. *Concrete Products*, 100 (5), 1997.

188. Engel, Gary T. *Financial Audit: The Environmental Protection Agency's Fiscal Year* 2004 *Management Representation Letter on Its Financial Statements* [R]. Washington: GAO, 2005.

189. EPA. *Environmental Audit Program Design Guidelines for Federal Agencies* [R]. Spring 1997.

190. EPA. *Protocol for Conducting Environmental Compliance Audits for Municipal Facilities under U. S. EPA's Wastewater Regulations* [R]. 2000.

191. Evans, M. F., Liu, L., Stafford, S. Do Environmental Audits Improve Long-term Compliance: Evidence from Manufacturing Facilities in Michigan [D]. Working Paper, 2011.

192. FEE. *FEE Discussion Paper "Providing Assurance on Environmental Reports"* [R]. Oct. 1999.

193. Ferreira A. J. D., Lopes M. A. R., Morais J. P. F. Environmental Management and Audit Schemes Implementation as an Educational Tool for Sustainability [J]. *Journal of Cleaner Production*, 14 (9–11), 2006.

194. Frid, C. L. J. Environmental Auditing: What Is It and How Can It Contribute to Environmental Education? [J]. *Journal of Biological Education*, 25 (3), 1991.

195. Gabel, H. L., Desgagné, B. S. Environmental Audits and Incentive Compensation [J]. *Environmental Management*, 25 (1), 1994.

196. GAO. Environmental Agency: *Efficiency in Water Resource Management* [R]. Jun. 2005.

197. GAO. *Office of Water Services: Leakage and Water Efficiency* [R]. Dec. 2000.

198. GAO. *Water Quality: EPA Should Improve Guidance and Support to Help States Develop Standards That Better Target Cleanup Efforts* [R]. Jun. 2003.

199. García Sanz – Calcedo J., Cuadros F; López Rodríguez F. Energy Audit: a Management Tool in Health Centers [J]. *Gac Sanit*, 25 (6), 2011.

200. Giuliano Dall' O'; Alessandro Speccher; Elisa Bruni. The Green Energy Audit, a New Procedure for the Sustainable Auditing of Existing Buildings Integrated with the LEED Protocols [J]. *Sustainable Cities and Society*, 3 (4), 2012.

201. Gray, A., Jenkins, B. Codes of Accountability in the New Public Sector [J]. *Accounting, Auditing & Accountability Journal*, 6 (3), 1993.

202. Guida, J. F. A Practical Look at Environmental Audits [J]. *Journal of the Air Pollution Control Association*, 32 (5), 1982.

203. Hall, R. M. The Evolution and New Directions in Environmental Auditing and Compliance Management [J]. *Natural Resources & Environment*, 24 (2), 2009.

204. HE Gui – zhen, LU Yong – long, MA Hua. WANG Xiao – long. Multi – indicator Assessment of Water Environment in Government Environmental Auditing [J]. *Journal of Environmental Sciences*, 19 (4), 2007.

205. Hepler Jeff A. Enhancing Compliance at Department of Defense Facilities: Comparison of Three Environmental Audit Tools [J]. *Journal of Environmental Health*, 65 (8), 2003.

206. Hillary, R. Developments in Environmental Auditing [J]. *Managerial Auditing Journal*, 10 (8), 1995.

207. Holmes Hannah. How to Prepare for an Environmental Audit [J]. *Safety & Health*, 149 (5), 1994.

208. Intergovernmental Panel on Climate Change. *Third Assessment Report: The Scientific Basis* [M]. New York: Cambridge University Press, 2001.

209. INTOSAI Working Group on Environmental Auditing. Water Issues, *Policies, and the Role of Supreme Audit Institutions* [R]. Mar 2003.

210. INTOSAI Working Group on Environmental Auditing. *Results of the Fifth Survey on Environmental Auditing* [R]. 2006.

211. INTOSAI Working Group on Environmental Auditing. *Results of the First Questionnaire on Environmental Auditing* [R]. 1993.

212. INTOSAI Working Group on Environmental Auditing. *Results of the Sixth Survey on Environmental Auditing* [R]. 2009.

213. INTOSAI Working Group on Environmental Auditing. *Results of the Second Questionnaire on Environmental Auditing* [R]. 1996.

214. INTOSAI Working Group on Environmental Auditing. *Results of the Third Survey on Environmental Auditing* [R]. 2000.

215. INTOSAI Working Group on Environmental Auditing. *Results of the Forth Survey on Environmental Auditing* [R]. 2003.

216. INTOSAI Working Group on Environmental Auditing. *Fifth Survey on Environmental Auditing* (2006): *Detailed Results* [R]. 2007.

217. INTOSAI Working Group on Environmental Auditing. *The Sixth Survey on Environmental Auditing* [R]. 2009.

218. INTOSAI Working Group on Environmental Auditing. *The Seventh Survey on Environmental Auditing* [R]. 2012.

219. INTOSAI Working Group on Environmental Auditing. *The Eighth Survey on*

Environmental Auditing [R]. 2015.

220. INTOSAI Working Group on Environmental Auditing. *The Ninth Survey on Environmental Auditing* [R]. 2019.

221. INTOSAI Working Group on Environmental Auditing. *Auditing Water Issues Experiences of Supreme Audit Institutions* [R]. 2004.

222. INTOSAI Working Group on Environmental Auditing. *Auditing Water Issues: An Examination of SAIs' Experiences and the Methodological Tools They Have Successfully Used* [R]. 2013.

223. Ionel – Alin Ienciu. Implicarea Auditorilor Financiari Din România în Realizarea Auditului De mediu; The Involvement of the Financial Auditors from Romania in the Environmental Audit Process [J]. *Audit Financiar*, 9 (5), 2011.

224. Iraldo Fabio, Testa Francesco, Frey Marco. Is an Environmental Management System Able to Influence Environmental and Competitive Performance? The Case of the Eu Environmental Management and Audit Scheme (EMAS) in the European Union [J]. *Journal of Cleaner Production*, 17 (16), 2009.

225. Julia Edwards, Alan McKinnon and Sharon Cullinane. Comparative Carbon Auditing of Conventional and Online Retail Supply Chains: A Review of Methodological Issues [J]. *Supply Chain Management: An International Journal*, 16 (1), 2011.

226. Kass Stephen L., McCarroll Jean M.. Environmental Audits: How They can Help and Hurt the Corporation [J]. *NACD Directorship*, 21 (9), 1995.

227. Kirschner Elisabeth M. *Self – incrimination Remains Major Problem with Environmental Audits* [N]. Chemical & Engineering News, 72 (34), 1994.

228. Kovacic Nick. A Guide to Environmental Monitoring for Managed Care Facilities: What You Need to Know about Critical Storage Regulations, Liabilities, Audits, Instrument Selection, and Cost Controls [J]. *Managed Care Outlook*, 22 (16), 2009.

229. Koven Lisa. The Environmental Self – Audit Evidentiary Privilege [J]. *UCLA Law Review*, 45 (4), 1998.

230. Lane Amy. Compromise Reached on Environmental Audits [J]. *Crain's Detroit Business*, 13 (27), 1997.

231. Lang, J. C. Legislative, Regulatory and Juridical Dilemmas in Environmental Auditing [J]. *Eco – Management and Auditing*, 6 (3), 1999.

232. Laughlin, R. C. A Model of Financial Accountability and the Church of England [J]. *Financial Accountability and Management*, 6 (2), 1990.

233. Laxen, D. Environmental Audits and the Local Authority [J]. *Managerial Auditing Journal*, 6 (5), 1991.

234. Leeuwen, S. V. Developments in Environmental Auditing by Supreme Audit Institutions [J]. *Environmental Management*, 33 (2), 2004.

235. Leja, Andrew J. Environmental Audits: Selection and Protection [J]. *Business Journal Serving Southern Tier*, 10 (12), 1996.

236. Lewis Linda, Maxwell, John W. Environmental Audits in Local Government: a Useful Means to Progress in Sustainable Development [J]. *Accounting Forum*, 24 (3), 2000.

237. Lewis, L. Environmental in Local Government: A Useful Means to Progress in Sustainable Development [J]. *Accounting Forum*, 24 (3), 2000.

238. Lightbody, M. Environmental Auditing: The Audit Theory Gap [J]. *Accounting Forum*, 24 (2), 2000.

239. Lyon Thomas P., Maxwell John W. Corporate Environmental Disclosure Under Threat of Audit [J]. *Journal of Economics & Management Strategy*, 20 (1), 2011.

240. Maguire S. M., McCann J. P., Swallow M. An Audit of the Provision of Environmental Control Systems in Northern Ireland, 1992 – 1997 [J]. *Clinical Rehabilitation*, 15 (3), 2001.

241. Maltby, J. Environmental Audit: Theory and Practices [J]. *Managerial Auditing Journal*, 10 (8), 1995.

242. Manocher Djassemi. A Computer – Aided Approach to Material Selection and Environmental Auditing [J]. *Journal of Manufacturing Technology Management*, 23 (6), 2012.

243. McKinney Michael M., Steadman Mark E. EPA Challenges Privilege Issue in Environmental Self – audits [J]. *CPA Journal*, 68 (8), 1998.

244. Michael Power. Expertise and Construction of Relevance: Accountings and Environmental Audit [J]. *Accounting, Organizations and Society*, 22 (2), 1997.

245. Milton Friedman. The Social Responsibility of Business is to Increase its Profits [J]. *The New York Times Magazine*, 9 (13), 1970.

246. Mishra Birendra K., Newman D. Paul, Stinson Christopher H. Environmental Regulations and Incentives for Compliance Audits [J]. *Journal of Accounting & Public Policy*, 16 (2), 1997.

247. Moor, P. D., Beelde, I. D. Environmental Auditing and the Role of the Accountancy Profession: A Literature Review [J]. *Environmental Management*, 36 (2), 2005.

248. Moores Toni, Woodhull Joh. Get More Out of Your Environmental Audits [J]. *Chemical Engineering*, 109 (6), 2002.

249. Mort D. Environmental Accounting and Auditing [J]. *Managerial Auditing Journal*, 10 (8), 1995.

250. Moudon Anne Vernez, Lee Chanam. Walking and Bicycling: An Evaluation of Environmental Audit Instruments [J]. *American Journal of Health Promotion*, 18 (1), 2003.

251. Nassr Saleh Mohamad Ahmad, Kamal Abd Al - Salam Mohmes.. The Response of Statutory Financial Auditors in Libya to Environmental Issues: An Initial and Exploratory Study [J]. *World Journal of Entrepreneurship, Management and Sustainable Development*, 8 (4), 2012.

252. Natu A. V. Environmental Audit—A Tool for Waste Minimization for Small and Medium Scale Dyestuff Industries [J]. *Chemical Business*, 13 (9), 1999.

253. Nicole Darnall, Inshik Seol, Joseph Sarkis. Perceived Stakeholder Influences and Organizations' Use of Environmental Audits [J]. *Accounting, Organizations & Society*, 34 (2), 2009.

254. Novak S. Environmental Control Systems—An Audit of Existing Provision in Three Inner London Districts [J]. *Clinical Rehabilitation*, 12 (1), 1998.

255. Power Michael. Expertise and the Construction of Relevance: Accountants And Environmental Audit [J]. *Accounting, Organizations & Society*, 22 (2), 1997.

256. Ramachandra T. V. , Bachamanda Shruthi. Environmental Audit of Municipal Solid Waste Management [J]. *International Journal of Environmental Technology & Management*, 7 (3 –4), 2007.

257. Reed John. Going Back to School: A New Approach to Environmental Audit Training [J]. *International Journal of Government Auditing*, 31 (2), 2004.

258. Rika, N. What Motivates Environmental Auditing: A Public Sector Perspective [J]. *Pacific Accounting Review*, 21 (3), 2009.

259. Roger Simnett, Ann Vanstraelen, Wai Fong Chu. Assurance on Sustainability Reports: An International Comparison [J]. *The Accounting Review*, 84 (3), 2009.

260. Ruth Hillary. Environmental Auditing: Concepts, Methods and Developments [J]. *International Journal of Auditing*, 2 (1), 2003.

261. SangHoo Bae, Inshik Seol. An Exploratory Empirical Investigation of Environmental Audit Programs in S&P 500 Companies [N]. *Management Research News*, 29 (9), 2006.

262. Sanvicens Gaspar D. E. , Baldwin Peter J. Environmental Monitoring and Audit in Hong Kong [J]. *Journal of Environmental Planning & Management*, 39 (3), 1996.

263. Scully, J. J, Accardi, J. The Role of Internal Auditors in Environmental Issues: a Research Report Prepared by CH2M Hill—Readings [J]. *Internal Auditor*, 50 (3), 1993.

264. Shah G. C. Use Environmental Audits to Improve Facility – Wide Compliance [J]. *Hydrocarbon Processing*, 75 (11), 1996.

265. Shweiki Opher. Environmental Audit Privilege and Voluntary Disclosure Rule: The Importance of Federal Enactment [J]. *American Criminal Law Review*, 33 (4), 1996.

266. Somendu B. Majumdar. Voluntary Environmental Compliance Auditing: A Primer [J]. *Fordham Environmental Law Review*, 7 (3), 2011.

267. Stafford Sarah L. State Adoption of Environmental Audit Initiatives [J]. *Contemporary Economic Policy*, 24 (1), 2006.

268. Stanwick, P. A., Stanwick, S. D. Cut Your Risks with Environmental Auditing [J]. *The Journal of Corporate Accounting & Finance*, 12 (4), 2001.

269. Strauss S. The Haze Around Environmental Audits [J]. *Technology Review*, 95 (3), 1992.

270. T. Van Gervena, C. Blockb, J. Geensa, G. Cornelisa, C. Vandecasteele. Environmental Response Indicators for the Industrial and Energy Sector in Flanders [J]. *Journal of Cleaner Production*, 15 (10), 2007.

271. Thompson, D., Wilson, M. J. Environmental Auditing: Theory and Applications [J]. *Environmental Management*, 18 (4), 1994.

272. Todea, N., Stanciu, I. C., Joldos, A. M. Environmental Audit, a Possible Source of Information for Financial Auditors [J]. *Annales Universitatis Apulensis Series Oeconomica*, 13 (1), 2011.

273. Tomlinson, P., Atkinson, S. F. Environmental Audits: A Literature Review [J]. *Environmental Monitoring and Assessment*, 8 (3), 1987.

274. Tomlinson, P., Atkinson, S. F. Environmental Audits: Proposed Terminology [J]. *Environmental Monitoring and Assessment*, 8 (3), 1987.

275. Tucker, R. R., Kasper, J. Pressures for Change in Environmental Auditing and in the Role of the Internal Auditor [J]. *Journal of Managerial Issues*, 10 (3), 1998.

276. Tusa Wayne. Developing an Environmental Audit Program [J]. *Risk Management*, 37 (8), 1990.

277. Ware Ethan R. Environmental Audit Reports Should be Protected [J]. *South Carolina Business Journal*, 13 (11), 1994.

278. Watson, M., Emery, A. R. T. The Emerging UK Law on the Environment and the Environmental Auditing Response [J]. *Managerial Auditing Journal*, 18 (8), 2003.

279. Watson, M. Environmental Auditing in the New Europe [J]. *Managerial Auditing Journal*, 19 (9), 2004.

280. Wei Norman S. How to Conduct Your Own Environmental Audits [J]. *Pollution Engineering*, 33 (8), 2001.

281. Zagorianakos Efthimis I. A Case Study on Policy—Strategic Environmental Assessment: The Eco – Audit of the Irish National Development Plan 2000 – 2006 [J]. *Journal of Environmental Assessment Policy & Management*, 3 (2), 2001.